t r a n s
p o s i t i o n e n

Philippe Lacoue-Labarthe

Poetik der Geschichte

Aus dem Französischen von
Bernhard Nessler

diaphanes

Dieses Buch erscheint mit Unterstützung
des Programms Kultur 2000 der Europäischen Union

Kultur 2000

Titel der französischen Originalausgabe:
Poétique de l'histoire
© Éditions Galilée, Paris, 2002

1. Auflage; ISBN 3-935300-25-5
© diaphanes, Berlin 2004
www.diaphanes.net
Alle Rechte vorbehalten

Satz und Layout: 2edit, Zürich
www.2edit.ch
Druck: Stückle, Ettenheim

Inhalt

I. Die Szene des Ursprungs   11

II. Das vorausliegende Theater   57

Hinweise zur Übersetzung   129
Bibliographische Hinweise   131

für Christine und François,
Mathilde und Pascal

und in Erinnerung an
Philippe Clévenot,
Schauspieler

Frequens imitatio transit in mores

Quintilian

I
Die Szene des Ursprungs

1

Im Laufe des Wintersemesters 1934-1935, die Umstände sind bekannt, setzt Heidegger erstmalig Hölderlin aufs Programm seiner Lehrveranstaltungen. Er trifft die Wahl – man kann annehmen mit Absicht –, zwei der großen vollendeten Hymnen zu besprechen: *Germanien* und *Der Rhein*. Ausgehend von der angstbeladenen urpolitischen Frage »Wer sind wir?« (zu ergänzen: wir, Deutsche) ist das Kanzelwort eindeutig: Hölderlin allein bewahrt das Geheimnis der Germanität oder des Deutschen *[Alémanité]*. Allein das Hören auf sein Gedicht setzt in die Lage, die nationalsozialistische Abgleitung zu berichtigen und die Revolution, die fehlschlägt, wirklich zu begründen. Denn sie wird durch eine philosophische Aussage unterstützt, die nicht weniger klar ist und durch die in bezug auf die Geschichte der eigentlich transzendentale Status der *Dichtung* festgestellt wird: die Dichtung, d.h. die Kunst in ihrem Wesen, untrennbar *Sprache und Sage [langue et mythe]*, ist die Bedingung der Möglichkeit, oder der Ursprung der Geschichte als solcher – oder wenn man will, »die Eröffnung des Seienden in seinem Sein«.[1] Einige Monate später in den Vorträgen »*Über den Ursprung des Kunstwerks*« erhält dieser Satz seine kanonische Form: das Kunstwerk ist die Setzung der Wahrheit (der *alètheia*).[2] Aus den Vorlesungen von 1934-1935 hebe ich als Beispiel nur die beiden folgenden Passagen hervor:

Das geschichtliche Dasein der Völker, Aufgang, Höhe und Untergang [entspringt] aus der Dichtung und aus dieser das eigentliche Wissen im Sinne der Philosophie und aus beiden die Erwirkung des Daseins eines Volkes als eines Volkes durch den Staat – die Politik. Diese ursprüngliche, geschichtliche Zeit der Völker ist daher die Zeit der Dichter, Denker und Staats-

---

1   Martin Heidegger, *Holzwege*, GA, 5, S. 24 (A.d.Ü.).
2   Die Formulierung bei Heidegger lautet: »Die Kunst ist das Sich-ins-Werk-setzen der Wahrheit« (A.d.Ü.).

schöpfer, d.h. derer, die eigentlich das geschichtliche Dasein eines Volkes gründen und begründen.

Oder auch:

Die Dichtung stiftet das Seyn. Dichtung ist die Ursprache eines Volkes. In dieser Sprache geschieht die Ausgesetztheit in das sich damit eröffnende Seiende. Der Mensch ist als Vollzug dieser Aussetzung geschichtlich. Der Mensch ›hat‹ nur eine Geschichte, weil und insofern er geschichtlich ist. Die Sprache ist der Grund der Möglichkeit von Geschichte, und nicht etwa ist die Sprache erst eine im Verlauf der geschichtlichen Kulturschaffung gemachte Erfindung.[3]

Es ist nicht allzu schwer zu erkennen, daß sich hier, unter der Hinwendung zur Geschichte und zur Geschichtlichkeit *[historicité]* (oder Historialität) eine völlige Neuerarbeitung der griechischen Problematik des Bezugs zwischen *physis* und *technè* vollzieht: »Natur und Kunst«, wie Hölderlin noch formuliert, Saturn und Jupiter, oder entsprechend einem Vokabular, das er mit Schelling teilt, zwischen »aorgisch« und »organisch«;[4] Heidegger selbst wird sagen zwischen Erde und Welt. Die Behauptung ist so zutreffend, daß genau nach dieser Passage, die ich soeben zitiert habe, Heidegger mit einem ganzen Abschnitt fortfährt, welcher »der Sprachlosigkeit des Tieres und der ›Natur‹« gewidmet ist – denn so lautet der Untertitel, der von den Herausgebern eingefügt wurde. Das ist ein Motiv, das im übrigen in seinem Denken bereits früher auftaucht und bekanntlich mit der Bestimmung

---

3 Martin Heidegger, *Hölderlins Hymnen – »Germanien« und »Der Rhein«*, Gesamtausgabe (GA) 39, Frankfurt/Main, 1980, S. 51 und S. 74. [In der französischen Ausgabe mit gewissen Abänderungen in der Übersetzung von François Fédier und Julien Hervier zitiert: Martin Heidegger, *Les Hymnes de Hölderlin: »La Germanie« et »Le Rhin«*, Paris, 1988, S. 58 und S. 78 (A.d.Ü.)].
4 Vgl. insbes. Friedrich Hölderlin, *Grund zum Empedokles*, in: *Sämtliche Werke*, I, Darmstadt, 1998, S. 868 ff. (A.d.Ü.).

des Menschen als sterblich verbunden ist, d.h. als dem einzigen Wesen, das zum Tod fähig ist: »Der ursprüngliche Ursprung der Sprache«, sagt Heidegger, »als des Wesensgrundes des menschlichen Daseins bleibt aber ein Geheimnis. Zumal wenn wir bedenken, daß selbst da, wo ›Leben‹ (Pflanze, Tier) ist, nicht ohne weiteres Sprache geschieht, wenngleich es scheint, als hinge es nur an der Beseitigung irgendeiner noch vorhandenen Hemmung, damit das Tier spricht. Und doch! Der Sprung vom lebenden Tier zum sagenden Menschen ist ebenso groß oder noch größer als der vom leblosen Stein zum Lebendigen.« Und er fügt ein wenig weiter etwas hinzu, was keinen Zweifel über die grundsätzliche Zielrichtung der Aussage zuläßt:

Aber diese gleichzeitige scheinbare Nähe und wesenhafte Ferne des Tieres zum Menschen wird erst zu einer echten Frage, wenn wir die eigentliche Sprachlosigkeit der Natur im Ganzen bedenken, wo andererseits nichts eindringlicher zu uns ›sprechen‹ kann als das Walten der Natur im Großen und im Kleinsten.
Das will sagen: Wir kommen nicht durch, wenn wir einfach sprachlose Natur und sprechenden Menschen nur nebeneinander setzen als verschieden geartete Dinge. Wir kommen hier dem Fragen erst nahe, wenn wir grundsätzlich bedenken, wie die Dichtung als Grundgeschehnis des geschichtlichen Daseins des Menschen zur Natur – vor aller Naturwissenschaft – sich verhält, wenn wir überhaupt so reden dürfen. Die ganze Naturwissenschaft – so unentbehrlich sie in gewissen heutigen Grenzen ist [...] läßt uns da im wesentlichen mit all ihrer Exaktheit grundsätzlich im Stich, weil sie die Natur ›de-naturiert‹.[5]

Ich verzichte für den Augenblick auf jeden Kommentar. Was mich aber zunächst beschäftigt, ist folgendes: Heidegger unternimmt die Lektüre des Gedichts *Der Rhein* auf dem Boden einer derartigen, wenn man will, absolut widersprüchlichen Behaup-

---

5   Heidegger, *Hölderlins Hymnen*, a.a.O., GA 39, 75-76 (S. 79-80).

tung des ursprünglichen oder transzendentalen Charakters der *technè* (Sprache und Dichtung, oder Sprache als Dichtung), und in diesem Gedicht bei der zehnten Strophe. Diese Strophe ist dafür berühmt, daß sie einer der bemerkenswertesten Orte ist, wo Hölderlin den Namen Rousseaus nennt (den er seinerseits, das ist nicht unbedeutend, dem von Dionysos beiordnet, ohne daß dieser genannt würde):

Halbgötter denk' ich jetzt
Und kennen muß ich die Teuern,
Weil oft ihr Leben so
Die sehnende Brust mir beweget.
Wem aber, wie Rousseau, dir,
Unüberwindlich die Seele,
Die starkausdauernde ward,
Und sicherer Sinn
Und süße Gabe zu hören,
Zu reden so, daß er aus heiliger Fülle
Wie der Weingott, törig göttlich
Und gesetzlos sie die Sprache der Reinesten gibt
Verständlich den Guten, aber mit Recht
Die Achtungslosen mit Blindheit schlägt
Dir entweihenden Knechte, wie nenn ich den Fremden? [6]

Hier nun der Kommentar Heideggers:

Wovon diese Strophe sagt, ist nur Frage, bleibt nur Frage, und zwar die nach dem Fremden. Wer ist dieser Fremde und Fremdbleibende? In dieser Strophe steht der Name »Rousseau«. Wir wissen, sein Name wurde erst nachträglich an die Stelle des Namens von Hölderlins Freund Heinse gesetzt [Autor des Ardinghello –1787 – und Adressat der Widmung der Elegie Brot und Wein]. *Ebenso ist in Strophe XI, Vers 163 das Wort »Am Bielersee« ein späterer Zusatz, der mit der Nennung Rousseaus auf dessen Aufenthaltsort Bezug nimmt. Die ursprüngliche Ausle-*

gung der Strophe muß daher freigehalten werden vom Bezug auf Rousseau, vielmehr kann nur umgekehrt aus dem Sinn der Strophe verständlich werden, warum der Dichter hier auch Rousseau nennen kann.[7]

Das ist zur Kenntnis zu nehmen, wenn man so sagen kann; und tatsächlich ist kaum mehr zu erfahren. Zweifellos ist im Kontext der dreißiger Jahre dieser Ausschluß häufig. Er durchzieht jeden-

---

6 Hölderlin, *Sämtl. Werke*, I, a.a.O., S. 267. Ich lese diese Strophe der Einfachheit halber in ihrer auf Französisch »lesbarsten« Übersetzung (derjenigen von Gustave Roud, die ich nur in einem Punkt abändere):
Friedrich Hölderlin, *Œuvres* (Pléiade), Paris, 1967, S. 853:
Maintenant c'est aux demi-dieux que je songe
Et il faut qu'une connaissance me soit donnée
De ces êtres sans prix, puisque leur vie
Fait battre si souvent mon coeur plein de désir.
Mais celui qui comme toi reçut en partage,
ô Rousseau,
Une âme qui ne peut être soumise, une âme
De très profond support,
Cette justesse de sens
Et ce don si doux de savoir entendre et de parler,
Pareil au dieu du vin, avec une plénitude sacrée
Et le désordre d'un divin délire, de telle
Sorte qu'il rende intelligible aux gens de coeur
Le langage des êtres les plus purs, mais frappe
Les sans-respect d'un juste aveuglement, les esclaves
Profanateurs, – cet étranger, quel nom lui donnerai-je?
7 Heidegger, *Hölderlins Hymnen*, a.a.O., GA 39, 277-278. Man muß bei dieser Gelegenheit festhalten, daß die Elegie *Brot und Wein* weniger der Gestalt Christi gewidmet ist als der des Dionysos selbst, dieser verstanden als Dionysos (»Sohn des Zeus«) und ebenso, daß demzufolge Christus als »Held« oder als »Halb-Gott« gesehen wird. Und man muß in gleicher Weise bemerken, daß der *Ardinghello* von Heinse, der in der Tat für den *Hyperion* Hölderlins von großer Bedeutung ist, bis in die Umgebung des jungen Marx hinein immer als eine Art »kommunistisches Manifest« gegolten hat, und zwar in dem Sinn, den dieser Ausdruck für die radikalen französischen Rousseauisten (Babeuf, Restif de la Bretonne) oder die europäischen Rousseauisten, speziell die deutschen und italienischen, im letzten Jahrzehnt des 18. Jahrhunderts haben konnte... Die Frage ist immer die, was Heidegger (wirklich) als Wissen vorgeben wollte. Dem wird nachzugehen sein.

falls Heideggers Lehrveranstaltungen. Das geschieht, weil Rousseau der – geächtete – Repräsentant des sogenannten »liberalen« Denkens ist (Rousseau mit anderen Worten an der Stelle von Cassirer, wenn man mir eine Verkürzung einräumen will). Sicher trifft auch Heidegger die Vorkehrung, die Brutalität seiner Geste abzuschwächen: nachdem er dargestellt hat, daß »das Seiende, das da fragend genannt wird«, einen Bezug zur »Natur« hat, präzisiert er: »Das Wesen eines solchen ursprünglichen, in seiner Natürlichkeit ungebrochenen Seyns legt den Gedanken an Rousseau und seine Lehre nahe, wobei zu bedenken bleibt, daß die damalige Zeit – etwa Kant und der deutsche Idealismus – Rousseau ganz anders sah als wir heute. Doch all das ist hier nicht in erster Linie wichtig...«[8] Nichtsdestoweniger ist der Ausschluß ohne Widerruf – und man sieht im übrigen, daß das Bedauern (kaum vermerkt und mit welchen Worten: »Rousseau und seine ›Lehre‹«) in Wirklichkeit die Sache nur verschlimmert. Der Ausschluß wird schön und brav wiederholt; und wenn man auch die geringste Aufmerksamkeit auf die damit verknüpften Erwartungen richtet, wird deutlich, daß er nicht nur wie oft anderswo ein politischer ist (aus Haß auf die französische Revolution, auf die Demokratie, auf den Rechtsstaat usw.), sondern ein eigentlich philosophischer: selbst die Auslegung Kants und des deutschen Idealismus schaffen es nicht, Rousseau von seiner doktrinalen, wenn nicht doktrinären Schwäche zu befreien, d.h. von der metaphysischen Unzulänglichkeit seines sogenannten »Naturdenkens«. Der Naturbegriff, den Hölderlin in der Tat zu einem großen Teil von Rousseau übernommen hat, ist für Hei-

---

8 Heidegger, *Hölderlins Hymnen*, a.a.O., *GA* 39, 278. Zur Kritik an Rousseau beachte man speziell die Analyse, die Jeffrey Andrew Barash zum (unveröffentlichten) Seminar anstellt, das Heidegger 1934-1935 in Zusammenarbeit mit Erik Wolf abgehalten hat: Heidegger setzt dort die »abstrakte« Konzeption des Staates und der »individuellen Freiheit«, worauf der *Contrat social* beruht, der im Sinne der Geschichte des Geistes eigentlich geschichtlichen Konzeption entgegen, die sich Hegel in der *Rechtsphilosophie* vom Politischen (von der Polis) macht (J. A. Barash, *Heidegger et son siècle: temps de l'être, temps de l'histoire*, Paris, 1995, S. 131f.).

degger in Wirklichkeit – er kommt oft darauf zurück – das, was Hölderlin fast in eine Sackgasse geführt und ihm eine »ursprünglichere« Auffassung der *Physis* oder der Erde untersagt hat. Die »*Rettung*«* Hölderlins (um mit Benjamin zu sprechen) erfolgt um den Preis dieser in Gang gesetzten Entsolidarisierung mit Rousseau. Und man erfaßt ohne Mühe den Einsatz, den ein derartiges Manöver darstellt: es ist der des *ganzen* Denkens Heideggers, sofern dieses Denken grundsätzlich ein Denken des Ursprungs und der *technè* ist. Das gilt umso mehr, als es sich also nicht auf eine abgeleitete und abgeschwächte, zu elementare und zu »naive« Bestimmung der *physis* – der »Natur« in Anführungszeichen – stützen kann wie in ihrem lateinischen (und französischen), aber wahrscheinlich auch kantisch-schillerschen Konzept.

Die These, deren Unterstützung also mein Vorhaben ist, wäre, daß es hier im Hinblick auf Rousseau Blindheit gibt. Nicht nur die Parteinahme, der schlechte Wille oder das spärlich gewährte Vertrauen stehen hier in Frage (wo ja gerade so viele Anstrengungen Zustimmung erfahren und unternommen werden, um Kant und Hölderlin und selbst Schiller, die dabei alle Rousseau Tribut erstatten, dem »Geist der Aufklärung« oder ihren Fehlinterpretationen durch das 19. Jh., speziell durch Schopenhauer,[9] zu entreißen), kurz, es geht nicht nur um die (politische) Weigerung zu lesen. In Wirklichkeit *nimmt* Heidegger Rousseau gar nicht *wahr*. Und wenn er ihn nicht wahrnimmt, so, weil es ihm seine eigene Geschichtsschreibung untersagt. Das zeigt sich zweimal.

Ein erstes Mal, sofern sie zutiefst von Hegels Geschichtsschreibung abhängt, die die schicksalhafte Wende der Moderne in den cartesianischen, oder galileisch-cartesianischen Augenblick setzt (Installation der repräsentativen Gewißheit, Identifikation des Seins mit dem Subjekt als *ego cogito*, objektive Mathematisierung

---

9 Siehe namentlich die erste Vorlesung über Nietzsche: *Der Wille zur Macht als Kunst* (1936-1937), Martin Heidegger, *Nietzsche: Der Wille zur Macht als Kunst*, GA 43; vgl. Martin Heidegger, *Nietzsche*, I, übersetzt ins Französische von Pierre Klossowski, Paris, 1971, S. 101f.

der zur Naturwissenschaft gewordenen Physik, Programmierung der Technikwissenschaft usw.). Die Zugehörigkeit Rousseaus zu dieser Epoche des Denkens ist offenkundig, wie es beispielsweise seine Treue zu Malebranche bezeugt, sein ethisch-theologisches Glaubensbekenntnis oder seine politische Theorie des Gemeinwillens *[Volonté générale]*. Die Frage ist nur, ob Rousseau nur zu dieser Epoche gehören soll, ob es bei ihm nicht geheimere Bande gibt, die ihn an eine Antike binden, die nicht nur die von Plutarch oder von Augustinus wäre,[10] oder ob der »Rückzug«, als dessen beispielloses Beispiel er sich selbst präsentiert, ihn seiner Epoche nicht endgültig entzieht oder den Kern seines Denkens »epochal« nicht zur Geltung kommen läßt.

Ein zweites Mal, weil in dieser von Hegel inspirierten Geschichtsschreibung das einzige schicksalhafte Ereignis, das Heidegger innerhalb der modernen Zeiten anerkennt, die (deutsche) Erfindung der Geschichte und des Denkens der Geschichtlichkeit ist, d.h. des geschichtlichen Charakters des Seins und der Wahrheit. Heidegger erinnert mehrfach sowohl an Winckelmann, dessen *Gedanken* zeitlich genau mit Rousseaus zweiter *Abhandlung [Discours]* zusammenfallen, als auch an Herder.[11] Er nimmt na-

---

10 Ich komme darauf mehrfach zurück, doch will ich schon jetzt unterstreichen, daß sich Rousseau in zahlreichen Texten, zum Beispiel dem *Essai sur l'origine des langues* oder dem *Dictionnaire de musique* immer wieder auf die griechische Musik und auf die griechische Epoche vor den Sophisten und den Philosophen bezieht. Jean Starobinski besteht in seiner Präsentation des *Essais* in der durch ihn betreuten Pléiadeausgabe sehr richtig auf diesem Punkt (vgl. ebenso die Ausgabe in der Sammlung »Folio Essais«: Jean-Jacques Rousseau, *Essai sur l'origine des langues*, Paris, 1990, S. 42f.). Hölderlin erkennt diese Art »Hellenophilie« bei Rousseau (da er ihn in seiner Mythologie sehr oft mit »Dionysos« zusammenbringt; und in der Tat wird er als »Mittler« gedacht, zwischen Vergangenheit und Zukunft, den Alten und den Modernen, Griechenland und Hesperien). Es ist bezeichnend, daß Heidegger öfters und mit offensichtlicher Genugtuung die berühmten Verse zitiert: »...und *Winke* sind/ Von Alters her die Sprache der Götter«, ohne jemals anzuzeigen, daß sie vom Entwurf der Ode kommen, die ausdrücklich den Titel »Rousseau« trägt [vgl. Hölderlin, *Sämtl. Werke*, a.a.O., I, S. 268 und III, S. 146 (A.d.Ü.)].

türlich Bezug auf den ganzen deutschen Idealismus bis hin auf Burckhardt und Nietzsche. Indes entnimmt er Herder, dem in den Jahren 1934-1936 ein anderes Seminar gewidmet ist, die leitende Idee über den Ursprung der Sprachen und das Wesen der Sprache als Ursprache der Völker.[12] Daß Rousseau am Anfang eines solchen Geschichtsdenkens steht (oder – was auf dasselbe hinaus läuft – des Ursprungsdenkens), und als solcher durch die ganze deutsche Philosophie anerkannt war, interessiert Heidegger keinen Augenblick. Rousseau zählt in bezug auf die Erfindung des Denkens der Geschichte nicht, jedenfalls scheint er kein »Denker« zu sein.

Diese Blindheit – so also die These – ist in Wahrheit der blinde Fleck Heideggers.

Zwei Hypothesen sollen diese These hinreichend untermauern.

Die erste leitet meine Arbeit seit langer Zeit und besteht im Verdacht, daß Heideggers Gedanke der *technè* – sei es nicht eingestanden oder geleugnet – von einer Neuinterpretation der *mimesis* unterlaufen wird, welches auch die Verachtung sei, die da und dort in Hinsicht auf diesen Begriff brutal zum Ausdruck gebracht wird. Er wird bekanntlich als spät und abgeleitet beurteilt und als untergeordnet in bezug auf das Verständnis der Wahrheit als *homoiôsis*, belastet durch deren lateinische Übersetzung mit *imitatio* usw. Das deutlichste Indiz für diese Verschleierung liegt in der einfachen Tatsache, daß Heidegger, wenn er sich im Grunde an Aristoteles wendet, um – allerdings immer unter der Autorität der kanonischen Aussage Heraklits: *physis kryptesthai*

---

11 Vgl. neben anderen Stellen: Heidegger, *Parmenides*, GA 54, S. 103-104 und 134-135; Heidegger, *Grundfragen der Philosophie*, GA 45, S. 43 und selbstverständlich: Heidegger, *Nietzsche* I, a.a.O., GA 43. Humboldt wird gleichfalls zu den »Denkern der Geschichte« gerechnet. Vgl. auch: Heidegger, *Vom Wesen der Sprache*, GA 85; J. J. Winckelmann, *Gedanken über die Nachahmung der griechischen Werke*, 1755; A.d.Ü.).
12 Vgl. Heidegger, *Hölderlins Hymnen*, a.a.O., GA 39, S. 64: (Dichtung) ist Ursprache eines Volkes. Vgl. zur ganzen Passage: Heidegger, *Nietzsche*, GA 43, S. 149 (A.d.Ü.).

philei[13] – das Geheimnis des ursprünglichen griechischen Verständnisses der *physis* und ihres Verhältnisses zur *technè* zu durchdringen, er nach meiner Kenntnis niemals die *Poetik* zu Rate zieht (dabei denke ich an die ausgedehnte und minutiöse Lektüre von *Physik*, B, 1, die er 1930-1940 durchführt und die für alle späteren Texte[14] bestimmend bleibt). Er tut es nicht einmal im Zusammenhang mit den beiden wichtigen Aussagen in der *Physik* (B, 2 und B, 8), die die *technè* betreffen, und die leitend geblieben sind für das ganze abendländische Verständnis der Kunst und der Technik.

Ich erinnere an diese Aussagen, weil gerade sie, ebenso wie *physis kryptesthai philei*, wissentlich oder nicht, das Denken Rousseaus beherrschen. Vor allem die zweite (199a), wo die *technè* genannt wird und wo man gewöhnlich sagt, daß sie die erste (194 a) erklärt: *holôs de hè technè ta men epitelei ha hè physis adynatei apergasasthai, ta de mimeitai.*[15]

Das kann man folgendermaßen übersetzen (ich entleihe diese Übersetzung Jean Beaufret, der sich auf diesen Satz bezieht, um gerade jenen hölderlinschen Gedanken zur Beziehung zwischen »Kunst« und »Natur« zu interpretieren[16]): »Einerseits führt die Kunst zu seinem Abschluß [man könnte auch sagen: beendet], was die Natur unfähig ist zu bewerkstelligen, andererseits ahmt sie nach«. Und man sieht bereits hier, daß die ganze Schwierigkeit aus dem Gebrauch des Wortes ›*apergasasthai*‹ (bewerkstel-

---

13 Hermann Diels, *Fragmente der Vorsokratiker*, Berlin, 1954, S. 178, 123: Die Natur (das Wesen) liebt es, sich zu verbergen (A.d.Ü.).
14 »Vom Wesen und Begriff der *physis*«, in: Heidegger, *Wegmarken*, GA 9 (franz. Übers. von F. Fédier, Heidegger, *Questions* II, Paris, 1986).
15 Aristoteles, *Physikalische Vorlesung* 199a, 15: »Das menschliche Herstellen bringt Gebilde der Natur teils zum Abschluß, nämlich dort, wo sie die Natur selbst nicht zu einem Abschluß zu bringen vermag; teils bildet es Gebilde der Natur nach«. Aristoteles, *Werke*, Bd. 11, *Physikvorlesung*, übers. von H. Wagner, Darmstadt, 1967, S. 53 (A.d.Ü.).
16 Jean Beaufret, »Hölderlin et Sophokles«, Introduction à *Remarques sur Oedipe – Remarques sur Antigone*, franz. v. F. Fédier, Paris, 1965.

ligen) in bezug auf die *physis* entsteht. Das Wort *ergon* – und der Begriff *energeia* – halten, man kann es sich denken, den Kommentar Heideggers zur *Physik* auf.[17] Aber es ist – und hier also der Verdacht – als ob er zu schnell über diese Schwierigkeit hinwegginge, als ob er sich beeilen würde, die Schwierigkeit auszuräumen und zu entscheiden, daß *ergon* dem Wesen nach nichts zu tun hat mit ›machen‹ oder ›fabrizieren‹ *[faire ou fabriquer]*, sondern mit dem Produzieren und dem Herstellen *[du produire et de l'installer]*, die ontologisch bestimmt werden als »zur Gegenwart kommen« oder »in Vorstellung versetzen« *[porter dans la présentation]*.

Zu dieser Überstürzung läßt sich viel sage; ich komme später darauf zurück. Für den Augenblick beschränke ich mich darauf, provisorisch und rein informativ darauf aufmerksam zu machen, daß es wahrscheinlich diese Überstürzung ist, die Heidegger seine riskantesten Aussagen über die Dichtung oder das Wesen des Kunstwerks diktiert (das, wie man aus den Vorträgen »Über den Ursprung des Kunstwerks« von 1935 und 1936 weiß, nicht als *Darstellung*, d.h. als *mimesis* oder (Re-)präsentation gedacht werden darf, sondern als Ins-Werk-setzung, als Setzung – *Gestell* – der Wahrheit, der *alètheia*, der *physis*, sofern sie sich zu »verbergen« sucht[18]). Ich hebe von diesen Aussagen nur eine hervor, die uns in der Nähe Hölderlins hält – und folglich in der Nähe Rousseaus. Sie findet sich auch im Kommentar zum *Rhein*. Heidegger versucht, den Gehalt des Verbs *ahnen** zu erfassen, das Hölderlin gebrauchte, wenn er von der »ahnenden« Natur spricht, oder wenn er sagt, daß »die Dichter ahnen«. Heidegger fragt also nach dieser Stimmung *[tonalité]* oder Grunddisposition, nach

---

17 Vgl. Heidegger, *Questions* II, a.a.O., S. 246-247 und S. 260.
18 Vgl. Martin Heidegger, *Vom Ursprung des Kunstwerks* (1935), hsg. und übers. ins Franz. v. Emmanuel Martineau (o.O., Authentica, 1987) und: Heidegger, *Der Ursprung des Kunstwerks* (1936), in: *Holzwege*, GA 5, S. 28 ff.. (Übers. ins Franz. v. W. Brokmeier, Heidegger, *Chemins qui ne mènent nulle part*, Paris, 1962/1980). In diesen Texten ist klar, daß die *technè* (die Welt) die *physis* (die Erde) »entbirgt« *[décrypte]*.

dieser *Stimmung**, die »erregt, wobei sie zugleich verhalten ist, [...] in der sich das Geheimnis als solches eröffnet, in alle seine Weiten sich ausbreitet und doch in Einem sich zusammenfaltet«. Er sagt also:

> Weil die Dichter nicht etwa auf Natur bezogen sind als Gegenstand, sondern weil »die Natur« als das Seyn sich selbst stiftet im Sagen, ist das Sagen der Dichter als das Sich-selbst-sagen der Natur desselben Wesens mit ihr.[19]

Die zweite Hypothese betrifft indes Rousseau. Um zu beginnen, will ich sie rechtfertigen. Die politischen oder archipolitischen Gründe, die Heidegger dazu führen, das »liberale« Denken zu mißachten, das mit Rousseau gewissermaßen als seinem Gründerheroen verbunden ist, sind mehr als zweifelhaft (ich habe an anderer Stelle vom Archifaschismus Heideggers gesprochen[20]). Es bleibt, daß sie wenigstens zum Teil das hervorheben, was in der klassischen Rousseaudeutung (sei sie rationalistisch oder nicht, was im übrigen kaum von Bedeutung ist) gezwungenermaßen unbefriedigend bleibt: so lange man, in der Tat, Rousseau von dem aus angeht, was er selbst fast von Beginn an sein »System« nennt; so lange, als man jenseits des pädagogischen Projektes oder des ethisch-metaphysischen Glaubensbekenntnisses dieses System in der politischen Theorie des *Contrat social* kulminieren sieht (oder, was auf dasselbe hinausläuft, sich umkehren sieht, und zwar, indem es im autobiographischen oder romanesken Projekt für die Literatur eine ganz neue Möglichkeit erzeugt); so lange, als man in der Tat nicht mit hinreichender Strenge fragt, was es an tiefgründig Problematischem im rousseauschen Begriff von »Natur« gibt (und in Korrelation dazu im

---

19 Heidegger, *Hölderlins Hymnen,* a.a.O., GA 39, S.258.
20 Philippe Lacoue-Labarthe, »Le Courage de la poésie« (Paris, *Les Conférences du Perroquet,* 39, 1993) und »L'Esprit du national-socialisme et son destin« (*Freiburger Kulturgespräche im Marienbad,* 1995; vgl. Les *Cahiers philosophiques de Strasbourg,* 1996).

Begriff von »Existenz«), so lange setzt man sich, wenn auch in unterschiedlichem Grad, der Gefahr aus, zu verkennen, was die absolute Originalität von Rousseaus Denken ausmacht und was genau sein Gedanke des *Ursprungs* ist. Sicher hat – wie Heidegger einräumt – der deutsche Idealismus Rousseau tiefer gelesen, als gleichzeitig das französische revolutionäre Denken oder später das sogenannte »liberale« Denken es taten. Aber daß man beispielsweise hervorhebt, daß die »kantische Moral« Rousseau voraussetzt oder noch entschiedener, daß die Geschichtsphilosophie Kants (dann die Schillers mit allem, was daraus folgt[21]) von der (vor-)dialektischen Logik abhängt, die die Beziehung bestimmt, die Rousseau zwischen Natur und Kultur ansetzt, greift zweifellos zu kurz. Was in Wirklichkeit im *Gedanken des Ursprungs* auf dem Spiel steht, ist das, was Heidegger verleugnet und *zugleich* wahrnehmen läßt. Und dies *zuerst* in dem, was er über Hölderlin lehrt: ich meine, daß der Gedanke vom Ursprung *sowohl* Ausgangspunkt des transzendentalen Denkens (im kantischen Sinn) ist, *als auch* des Denkens der Negativität (im dialektisch-spekulativen Sinn). Oder, strenger formuliert, daß er *als* Denken der Negativität Ausgangspunkt des Denkens des Transzendentalen ist. Und das ist in der Tat der Boden der *Auseinandersetzung**, der Explikation und der Kontroverse oder des Streites Heideggers mit der »großen deutschen Philosophie«, wie er sich ausdrückt und dahinter mit der ganzen abendländischen Metaphysik.

---

21 Vgl. z.B. Immanuel Kant, *Mutmaßlicher Anfang der Menschengeschichte* in: *Gesammelte Werke*, Berlin, 1912, Bd. VIII, S. 107 ff. und Friedrich Schiller, *Über die ästhetische Erziehung des Menschen in einer Reihe von Briefen* und: *Über Naive und Sentimentalische Dichtung* in: *Sämtliche Werke*, München, 1967, Bd. V, S. 570 ff. bzw. S. 694 ff. Die Intuition ist bei Rousseau bereits gegenwärtig, aber Schiller ist es, der ausdrücklich den Unterschied zwischen Natur und Kultur in historische Begriffe übersetzt: ›Alte‹ und ›Moderne‹, und historisch-ästhetisch: ›naiv‹ und ›sentimentalisch‹.

2

Um einer derart bedeutenden Sache gerecht zu werden, muß man versuchen, den Gedanken des Ursprungs an seinem Ursprung zu erfassen, unmittelbar bei seinem »Entspringen« *[dans son coup d'envoi]*.[22] Ich wage zu behaupten, daß dieser »Coup« auf den allerersten Seiten der *Abhandlung über den Ursprung und die Grundlagen der Ungleichheit unter den Menschen* ausgeführt wurde – endgültig, aber sozusagen unwahrnehmbar oder auf kaum hörbare Weise, und wage zu behaupten, daß dieser »Coup« darüber hinaus, in der Problematik des Ursprungs, so wie Rousseau sie wirklich zu thematisieren oder zu systematisieren vermag, und zwar ebenso innerhalb desselben Textes als in den späteren Ausarbeitungen (sowohl im *Essai über den Ursprung der Sprachen* als im *Gesellschaftsvertrag*), dort wo man sie also mit Klarheit erfassen wird, nur noch sehr dumpf wiederklingt, sehr gedämpft hinter dem Hervortreten der »Doktrin«, wie Heidegger sagt.

Was geschieht also genau am Anfang jener zweiten *Abhandlung*? (Der Sache wegen verdichte ich zweifellos die Analysen, die eine umfangreichere Behandlung und eingehendere Rechtfertigungen erfordern würden, über Gebühr[23]).

---

22 Vgl. Die Differenzierung bei Heidegger zwischen »Ursprung« und »Entspringen« in: *Hs. Hymnen*, GA 39, 240 ff. (A.d.Ü.).

23 Alle Referenzen (zu Rousseau) beziehen sich auf die von Starobinski mitbesorgte Ausgabe: Rousseau, *Œuvres complétes*, Paris, 1964, 5 Bde. Die folgenden Analysen sind hervorgegangen aus einer an der Universität von Kalifornien (Irvine) begonnenen Lehrtätigkeit im Jahre 1979 über die Mimetologie bei Diderot und Rousseau (vgl. »Diderot, Paradox und *Mimesis*« in: Lacoue-Labarthe, *Die Nachahmung der Modernen*, Basel, 2003), die dann 1985 und 1989 in Berkeley ihre Fortsetzung fand. In jüngerer Zeit abgehaltene Seminare (Strasbourg, 1995-1996; Mannheim, 1999; Rio de Janeiro, 2000) sind Ausgangspunkt für ihre aktuelle Präsentation. [Die oben genannte Quellenangabe gilt grundsätzlich auch für die Übersetzung. Die Ausgabe wird hier zitiert mit: Rousseau, *Œuvres*. Soweit jedoch einschlägige Übersetzungen vorliegen, werden diese benutzt. Die *Zweite Abhandlung*, die hauptsächlich Gegenstand der

Zuallererst muß man sehr ernst in den Blick nehmen und in Betracht ziehen, daß Rousseau seine Antwort, die er auf die durch die Akademie von Dijon gestellte Frage gibt, als eine *ausdrücklich philosophische* Antwort darstellt. Er tut dies zweimal: vom ersten Abschnitt des Vorwortes an, wo die ausdrückliche Bezugnahme auf Buffon (sie ist Gegenstand einer Anmerkung) und die implizite Bezugnahme auf Malebranche,[24] das Wesentliche nicht verstellen dürfen, ich meine die Erinnerung an das delphischsokratische Gebot, das die Philosophie als solche eröffnet, und den Hinweis auf die Statue von Glaukus aus dem X. Buch des *Staates* (d.h. auf das Bild der *Entstellung [défiguration]* selbst):

Am meisten nutzbringend und am wenigsten fortgeschritten erscheint mir unter all unseren Kenntnissen die Menschenkenntnis. Ich wage zu sagen, daß die Inschrift auf dem Tempel von Delphi allein eine bedeutendere und schwerer wiegende Lehre enthielt als all die dicken Bücher der Moralisten. Deshalb be-

---

Ausführungen dieses Kapitels ist, wird ebenso wie die *Erste* zitiert nach: Jean-Jacques Rousseau, *Schriften zur Kulturkritik* (zweispr.), hsg. u. übers. von K. Weigand, Hamburg, 1971 (zitiert unter: Rousseau, *Schriften z. Kult.*) A.d.Ü.]
24 Die implizite Bezugnahme (auf den »inneren Sinn«) ist in Wirklichkeit im Zitat aus Buffon explizit enthalten. Rousseau bringt so das lange Zitat aus Buffon, *Histoire naturelle*, VI, »Über die Natur des Menschen«: Von meinem ersten Schritt an stütze ich mich voll Vertrauen auf eine jener von den Philosophen deshalb verehrten Autoritäten, weil sie in einem gediegenen und erhabenen Verstand gründet, den allein sie zu finden und zu spüren vermögen.»Welches Interesse wir auch daran nehmen, uns selbst zu kennen, so bin ich doch nicht sicher, ob wir nicht alles besser kennen, was wir nicht selber sind. Wir sind von der Natur mit Organen ausgestattet worden, die einzig und allein zu unserer Erhaltung bestimmt sind. Wir benutzen sie nur, um fremde Eindrücke aufzunehmen. Wir streben nur danach, uns nach außen auszuweiten und in der äußeren Welt zu existieren. Wir sind zu sehr damit beschäftigt, die Funktionen unserer Sinne zu vermehren und den äußeren Bereich unseres Seins zu erweitern. Deshalb machen wir zu wenig Gebrauch von diesem inneren Sinn, der uns auf unsere wahren Ausmaße einschränkt und alles, was nicht dazu gehört, von uns fernhält. Indessen müssen wir uns dieses Sinnes bedienen, wenn wir uns erkennen wollen. Er ist der einzige, durch den wir uns beurteilen können …« (Rousseau, *Schriften z. Kult.*, a.a.O., S. 63, Anm. b).

> trachte ich das Thema dieser Abhandlung als eine der interessantesten Fragen, welche die Philosophie aufwerfen kann, und zu unserem Unglück als eine der heikelsten, welche die Philosophen zu beantworten haben können. Denn wie soll man die Quelle der Ungleichheit unter den Menschen kennen, wenn man nicht zuvor die Menschen selbst kennt? Und wie gelangt der Mensch dahin, sich so zu sehen, wie ihn die Natur geschaffen hat, durch all die Veränderungen hindurch, die der Lauf der Zeit und der Dinge in seiner ursprünglichen Beschaffenheit bewirken mußte? Und wie vermag er voneinander zu scheiden, was er aus eigenem Ursprung hat und was die Umstände und seine Fortschritte hinzugefügt oder an seinem ersten Zustand abgeändert haben? Die menschliche Seele gleicht der Statue des Glaukus, welche die Zeit, das Meer und die Stürme derart entstellt hatten, daß sie weniger einem Gott als einem wilden Tier glich. Sie hat das Gesicht sozusagen bis zur Unkenntlichkeit verändert, da sie im Schoß der Gesellschaft durch tausend unaufhörlich immer wieder einwirkende Ursachen, durch den Erwerb einer Menge von Kenntnissen und Irrtümern, durch die der körperlichen Verfassung widerfahrenen Veränderungen und durch die fortwährenden Erschütterungen der Leidenschaften verdorben wurde...[25]

Wenn Rousseau, nachdem er mit einem Strich »all die dicken Bücher der Moralisten« abgehakt hat, sagt, daß er »das Thema dieser Abhandlung als eine der interessantesten Fragen, welche die Philosophie aufwerfen kann«, betrachtet, ist deutlich, daß er nicht an die Philosophen (seine Zeitgenossen) denkt, sondern an das Ganze der Philosophie von ihrem in Anschlag gebrachten Anfang an. Darauf hebt er in den Einleitungsteilen oder dem Exordium den bislang rein aporetischen Charakter der Frage nach dem Ursprung hervor (»Die Philosophen, welche die Grundlagen

---

[25] Rousseau, *Schriften z. Kult.*, a.a.O., *Über die Ungleichheit – Vorwort*, S. 63ff. (A.d.Ü.).

der Gesellschaft untersuchten, haben alle die Notwendigkeit verspürt, bis auf den Naturzustand zurückzugehen, aber keinem von ihnen ist es gelungen...«[26]) und kündigt auf eine Art, die in der Tat *kritisch* ist und an die sich Kant erinnern wird, seine Absicht an, dem unendlichen Konflikt der Hypothesen und der unbegründeten Schlußfolgerungen ein Ende zu setzen, und hier ist nicht weniger deutlich, daß es da keinerlei Beschränkung auf das Feld der sogenannten »politischen Philosophie« gibt, sondern daß Rousseau vielmehr ganz offen eines der grundlegenden Oxymora der Philosophie angeht, das *zôon politikon physei*, das er im übrigen in aller Strenge mit dem *zôon logon echôn* zusammenbringt (ich komme darauf zurück). Man darf sich über die Absichtserklärung nicht täuschen, die im Einleitungsteil der abschließenden Adressierung an den »Menschen« vorausgeht: das ist die Bekräftigung des *Philosophischen* selbst:

Da mein Gegenstand den Menschen schlechthin angeht, werde ich eine Sprache zu sprechen versuchen, die allen Nationen gerecht wird. Mehr noch: da ich Zeiten und Orte vergesse, um nur an die Menschen zu denken, zu denen ich spreche, werde ich mich in die Gymnasien von Athen versetzen und die Lehren meiner Meister wiederholen, wo ich Männer wie Platon und Xenokrates zu Richtern und das menschliche Geschlecht zu Zuhörern habe.[27]

All das erlaubt zu sagen – erste Schlußfolgerung –, daß die Frage nach dem Ursprung – »eine der schwierigsten Fragen, welche die Philosophen zu lösen haben«, sagen wir: die schwierigste – ganz einfach *schlecht gestellt ist*. Das ist der wirkliche Ausgangspunkt Rousseaus. Und das ist also auf seinen ersten Seiten die Aufgabe, die er sich stellt: diese Frage *als* Frage ganz neu auszuarbeiten; *die Frage nach dieser Frage* zu stellen, mit neuem

---
26 Ebd., S. 78 (Übersetzung leicht modifiziert, A.d.Ü.).
27 Ebd. S. 81.

Aufwand, auf anderen Grundlagen. Diese vorgängige Geste, die zweifellos wie all diese Gesten derselben Zeit in der cartesianischen Tradition der Rückkehr zur Begründung und der Suche nach einer ersten Gewißheit steht (es ist bekannt, daß das immer die Sorge Rousseaus sein wird), ist *auch,* auf eine noch unbekannte Weise, *in* der Frage ein wirklicher »Schritt zurück«. Diesen mißdeuten im übrigen seine Zeitgenossen auf karikaturale und grobschlächtige Weise, ohne daß sie sehen, daß sich in Wirklichkeit unter den Schritten Rousseaus ein Abgrund öffnet (und unaufhörlich öffnen wird). Aber was Rousseau betrifft, so hat er ganz und gar ein Bewußtsein davon, wie er es immer haben wird, etwas Neues zu machen (»Ich forme eine Unternehmung, für die es nie ein Beispiel gab...«). Die notwendige Bescheidenheit des Wortes verbirgt in keinem Augenblick diese völlige Klarsicht:

> *Daß meine Leser nicht etwa denken, ich schmeichele mir, ich hätte gesehen, was mir zu sehen so schwer zu sein scheint. Ich habe einige Überlegungen angestellt. Ich habe einige Vermutungen gewagt, weniger in der Hoffnung die Frage zu beantworten, als in der Absicht, sie zu erhellen und auf die wahre Sachlage zurückzuführen.*[28]

Was heißt demzufolge *Ursprung?*

Um zu einer strengen Antwort zu kommen, ist es notwendig, eine gewisse terminologische Instabilität in Anschlag zu bringen (Quelle, Anfang/ Anfänge, Grund, Prinzip, Grundlage/ Grundlagen, Natur, Naturzustand, Urzustand, Urzeiten usw.); und ebenso ist es natürlich notwendig, im gegebenen Augenblick anzuerkennen, bis zu welchem Grad diese Instabilität in der Tat die Unmöglichkeit verrät, in der sich Rousseau befindet, das Register einzuhalten, das er sich am Anfang auferlegt hat und das ihn (in Ermangelung einer empirischen Ableitung der Anfänge) dazu

---

28 Ebd. S. 67.

zwingt, einer Fiktion über die Ursprünge zuzustimmen. Das ist verhältnismäßig unbedeutend, außer wahrscheinlich in Hinsicht auf die Zukunft der Literatur – ich will sagen: in Hinsicht auf die *Literatur*, die Rousseau vielleicht dabei *als solche* eröffnet. Der Ursprung *[l'origine]* bezeichnet schlicht und einfach, mit einem Wort, das Rousseau nicht gebraucht, das *Wesen [l'essence]*. Indem Rousseau das Oxymoron: *zôon politikon physei* angreift und sich zur Aufgabe macht, es zu zerschlagen, stellt er sich die Frage, was der Mensch ist: *physei*, seiner »Natur« nach, wie er sagt, oder in seiner »ursprünglichen Verfassung«.[29] Man darf nicht vergessen, daß das allgemeine Motto der *Abhandlung* der *Politik* des Aristoteles entnommen ist[30] und daß es sagt – ich zitiere die Übersetzung, die Starobinski vorschlägt:»Suchen wir das Natürliche nicht in den verderbten Dingen, sondern in denen, die sich entsprechend der Natur verhalten«.[31] Die Geste ist also dem Anschein nach ganz und gar klassisch. Und sie ist es um so mehr, als sie mit der Suche nach einer Grundlegung oder im problematischen Horizont, der zwangsläufig derjenige Rous-

---

29 Vgl. ebd. S. 81 bzw. S. 64.
30 »Non in depravatis, sed in his quae bene secundum naturam se habent, considerandum est quid sit naturale.« Aristoteles, *Politik*, Lib. I, Kap. 2. (Rousseau, *Œuvres*, III, a.a.O., S. 109).
31 Rousseau, *Œuvres*, III, *op.cit.*, S. 1285, Anm. S. 109, 2. Starobinski bemerkt bei dieser Gelegenheit, daß Rousseau offensichtlich die strenge Bestimmung des aristotelischen Begriffs der »Natur« verkennt. Indem Starobinski die berühmte Passage aus der *Politik* über das *zôon politikon* zitiert, verweist er darauf, daß die Natur eines Wesens oder eines Dinges in seiner Finalität und seiner »Vollendung« liegt und daß Rousseau seinerseits »die natürliche Soziabilität des Menschen leugnet«. Dennoch räumt er ein, daß Rousseau, wenn er die »Natur« mit dem »Ursprung« verbindet, zum ursprünglichen Sinn des Begriffs zurückfindet, zumal Aristoteles selbst zur »genetischen« Analyse einlädt: »Rousseau hat diese Methode streng befolgt, wenn er dem Wort »Ursprung« (*archè*) eine Bedeutung gibt, bei der das logische Antezedens das *historische* Antezedens obligatorisch nach sich zieht.« Die ganze Frage ist indes, so scheint es mir, zu wissen, ob die Geste Rousseaus, ganz streng genommen, nicht gerade darin besteht, auf jenseits jeder empirischen (und so also der historischen) Genese zurückzugehen, um nach dem Ursprung der Geschichte selbst zu fragen, auf den vielleicht unbestimmbaren Moment der Negation der Natur.

seaus ist (der Horizont der politischen Philosophie oder der Rechtsphilosophie), mit der Suche nach etwas Vorausgehendem verschmilzt, einem vorgesellschaftlichen, vorpolitischen, vorzivilisatorischen, vorkonventionellen, vorhistorischen...»Staat«. Das eröffnet unvermeidlich den Raum für eine historisch-genetische Untersuchung (d.h. für eine verhältnismäßig schwache Interpretation des inauguralen Oxymorons. Ein Zeugnis dafür liefert, wenigstens bei erster Lektüre, der berühmte Satz:»Der Mensch ist von Natur ein soziales Wesen, oder wenigstens geschaffen, ein solches zu werden«[32]). Und im übrigen wiederholt Rousseau manchmal fast wörtlich, die Doxographie hat das klar gezeigt, Aussagen oder Argumente, die er seinen überaus umfangreichen Lektüren von Cicero bis Hobbes und Montesquieu, von Herodot und Plinius bis Pufendorf oder Grotius entnimmt.

Wenn ich indes »Ursprung« *[origine]*, unter Übernahme der heideggerschen Geltung des Ausdrucks[33], durch »Wesen« *[essence]* übersetzt habe, so nicht allein, weil ich an die seltsame Resonanz des Wortes »Quelle« *[source]* im Ausdruck *Ur-sprung** bei Hölderlin und Heidegger gedacht habe;[34] es geschieht auch, um der Radikalisierung Rechnung zu tragen, die bei Rousseau mit der Neueröffnung der Frage nach dem Ursprung *als einer Frage* erfolgt.

Diese Radikalisierung kann auf drei Arten angegangen werden: 1) Entsprechend der Logik des Wesens selbst, d.h. nach jener Logik, die befiehlt, daß das Wesen eines Dings *nichts* von diesem Ding ist.

---

32 Rousseau, *Œuvres*, IV, *Émile (Profession de foi du Vicaire savoyard)*, S. 600 [Vgl.: Rousseau, *Emil*, dt. Fassung von L. Schmidt, Paderborn-München-Wien-Zürich, 1993, S. 305: »Da aber der Mensch [...] von Natur aus ein geselliges Wesen ist oder doch werden soll«, A.d.Ü.].
33 Vgl. Heidegger, *Vom Wesen der Sprache*, GA 85, S. 85: »Ursprung als Name für das Wesen«. Vgl. ebd. auch S. 97 u. S. 153 (A.d.Ü.).
34 Die durch die Akademie von Dijon gestellte Frage enthielt das Wort »source«, das im übrigen auch Rousseau gebrauchte: »Quelle est la source de l'inégalité parmi les hommes, et si elle est autorisée par la loi naturelle?«.

Daß der gegenwärtige Mensch sich als ein gesellschaftliches, politisches, historisches usw. Wesen zu definieren vermag – das liegt im Bereich der Feststellung oder der Faktizität – ist genau das, was untersagt, ihn in seinem Wesen oder seiner Natur, im aristotelischen Sinn, als solchen zu denken. Diese Logik, die im Prinzip eine rein *kritische* Absicht hat, regiert das Vorwort und das Exordium, die nach der Forderung aufgebaut sind, »zu entwirren, was an der jetzigen Natur des Menschen ursprünglich und was künstlich ist«:[35] daher die Beschreibung des *Kampfplatzes** der Theorien des Naturrechts oder von deren Versuchen zur »metaphysischen« Begründung;[36] daher die Erklärung der Sinnlosigkeit des Begriffs des »Naturgesetzes«;[37] daher der Gedanke einer Ausschaltung alles Erworbenen, genau gesagt, der Zerstörung des »Gebäudes« der »menschlichen Einrichtungen«[38] oder, was auf dasselbe hinausliefe, einer *Reinigung* und einer *Restaurierung* der Statue von Glaukus; daher schließlich auch die Denunzierung der Projektionen, Berechnungen, *Petitiones principii*, Schlußfolgerungen... Unter der Suche nach einer *reinen* Natur, oder einer Art von »reinem Text« der Natur – in Wirklichkeit unmittelbar hervorgegangen aus der protestantischen Tradition der »Textkritik« – gibt es dieses reine Paradox: das Wesen (der Ursprung) liegt logisch und nicht allein chronologisch *absolut* allen Bestimmungen des Menschen als Kulturwesen voraus, eingeschlossen den Bestimmungen, die als die »natürlichsten« gelten: Familie, Moral, Sprache oder Vernunft (Verstand). Das Wesen der Kultur (der *technè*) ist nichts Kulturelles, Technisches. Vielmehr trennt ein Abgrund – ein Hiatus – *auch* die Natur von der Kultur. Das führt unweigerlich zu jener oft unterstrichenen Denaturierung der menschlichen Natur, sei es auch nur, weil sie die Möglichkeit für eine Ontologisierung der Geschichte eröffnet. Das *de-naturierte* Sein des Menschen ist sein Geschichts-sein. Ge-

---

35 Rousseau, *Schriften z. Kult.*, a.a.O., S. 67.
36 Ebd., S. 69.
37 Ebd., S. 71.
38 Ebd., S. 75.

radewegs und auf einen Schlag. (Es bliebe, verständlich zu machen, warum in bezug auf den Menschen die Natur ursprünglich *denaturiert* oder *denaturierend* ist: welches ist der ursprüngliche (originäre) *Fehler* der Natur? Rousseau scheint keine Antwort zu geben; noch scheint er in klaren Worten die Frage zu stellen. Wir werden versuchen, darauf zurück zu kommen: es ist eine Frage ohne Anhaltspunkt.)

2) Man kann von der Logik der *archè* oder der Archeologik ausgehen.

Aufgrund seiner Ab-solutheit selbst wird der Ursprung tatsächlich als unzugänglich dekretiert – und wenn nicht (völlig) zu recht, so rein hypothetisch. Dort beispielsweise, wo Pufendorf sich vorsichtig darauf beschränkte, über den Naturzustand zu sagen, daß er »aktuell [...] immer nur teilweise und mit einer gewissen Aufteilung existiert hat«, spricht Rousseau von »einem Zustand, den es nicht mehr gibt, vielleicht nie gegeben hat und wahrscheinlich nie geben wird«.[39] Im übrigen fügt er sogleich hinzu: »[...] über den man aber dennoch rechte Begriffe nötig hat, um den jetzigen Zustand richtig beurteilen zu können.«[40] Entsprechend schreibt er später an M. de Beaumont: »dieser (ursprüngliche) Mensch existiert nicht [...]; gut. Aber er kann als Annahme existieren.«[41] Indem Rousseau dieser Logik gehorcht, sagt er, daß er »gewisse Vermutungen« oder »hypothetische und bedingte Überlegungen« angestellt habe.[42] Zudem muß man festhalten, daß kein empirischer oder gar experimenteller Weg nach dem Geschmack der Zeit, z.B. gemäß jenem von Marivaux im *Streit*, hier praktikabel ist[43] (daher die Ausschaltung »aller Tatsachen«[44]); und man muß erfassen, daß die Annahme aus einem

---

39 Ebd. S. 67.
40 Ebd.
41 Rousseau, Œuvres, IV, a.a.O., S. 952.
42 Rousseau, Schriften z. Kult., a.a.O., S. 81.
43 Ebd., S. 67-69.
44 Ebd., S. 81.

wirklichen *Sprung* in den Ursprung hervorgeht, ohne andere Stütze als – wenn das denn eine Stütze ist – »sich selbst«, d. h. die Natur in »mir«: ein Gefühl oder eine innere Evidenz, eine Bestätigung des Herzens, eine »erlebte« Erfahrung. Die Geste ist – genau wie ihr später Nachfolger im »Zweiten Spaziergang« der *Träumereien* die reine Erfassung der Existenz – ohne etwas Vorausgehendes in Anbetracht dessen, daß sie selbst keine Gewißheit – wie selbst im cartesianischen Zweifel noch verbleibend –, daß sie keine Sicherheit der Vernunft leitet oder aufhält. Die Intuition des Ursprungs, der »Natur«, ist ganz und gar schwindelerregend.

3) Man kann von der transzendentalen Logik ausgehen.
In Wirklichkeit geht der Geste Rousseaus keine Logik dieser Art voraus. Vielmehr ist es gerade diese Geste, die diese Logik hervorbringt und die sie historisch hervorgebracht haben wird. Was Rousseau im Ursprung sucht (»die Natur«), ist die Möglichkeit dessen, was ihn verbietet oder ihn vereitelt hat. Es steht außer Zweifel, daß diese Möglichkeit also auch die zu seinem Anderen ist oder zu seinen Anderen (Kultur, Institution, Vernunft, Geschichte; kurz zu all dem, was aus der *technè* hervorgeht). Aber es ist ausgeschlossen, daß diese Möglichkeit der Grund *[cause]* für den Ursprung wäre. Mit anderen Worten ist der Ursprung in seiner Ab-solutheit selbst nicht ohne Bezug zu dem, wovon er der Ursprung ist. Anders wäre er nicht der Ursprung und seine Absolutheit wäre keine solche (das ist das Argument Hegels gegen Kant). Aber er bezieht sich nicht auf das, wofür er der Ursprung ist, als auf seine Wirkung oder auf seine Konsequenz. Von ihm selbst her zu dem, wozu er der Ursprung ist, gibt es einen Bruch, einen Hiatus. Der Ursprung ist nichts von dem, wofür er der Ursprung ist. Das läuft ganz einfach darauf hinaus, zu sagen, daß der Ursprung, da er weder als *causa* noch eigentlich als Grund gedacht ist (wenigstens auf der radikalsten Ebene, die Rousseau in Anschlag bringt), er *de jure* als *Bedingung* nicht aber *de facto* gedacht ist. Deshalb ist er – und ist er nur – das *Negativ*

zu dem, wovon er der Ursprung ist. Die »Formel« des Transzendentalen selbst: »Bedingung der Möglichkeit« drückt es vollkommen aus. Die *Bedingung*, die ganz und gar *nichts* ist, reine Negativität (Kant, der kein anderes Wort dafür findet, sagt: »reine Form«), eröffnet die *Möglichkeit* selbst (Position oder Positivität).[45] Rousseau entdeckt oder erfindet das Transzendentale als Negativität selbst, oder, wenn man lieber will: die *transzendentale Negativität*. Man kann auch sagen wie Hölderlin: die »Vermittlung« *[»médiateté«]*, die das (transzendentale) »Gesetz« der Unmöglichkeit des Unmittelbaren ist. Hegel erinnert sich jedenfalls in seiner treuen Untreue gegenüber Kant daran, wird sich daran erinnern; aber die Sache hallt auch bis hin zur endlichen Transzendenz bei Heidegger fort.

In seiner größten Allgemeinheit sagt das Gesetz, das Rousseau aufstellt, aus, daß die *physis* – ein absolutes Paradox – die Bedingung der Möglichkeit der *technè* ist. Dieses Gesetz – das transzendentale an sich – erzeugt seinerseits eine grundlegende These: der Mensch ist, sofern er ursprünglich ein *technitès* ist, kein Tier, d.h. kein Lebewesen, das zusätzlich mit der und der Eigenschaft begabt wäre. Die Natur des Menschen besteht darin, keine Natur zu haben. Oder, wenn man will: der Mensch ist kein Naturwesen, sondern ein Wesen, dem ursprünglich die Natur fehlt. Er ist, entsprechend einem ganz anderen Oxymoron, als dem, das die Tradition hinterließ, ein denaturiertes Tier. Man

---

45 Das ist letztlich die konsequenteste Bestimmung der Frage: »Warum?« in ihrer sozusagen endgültigen und kanonischen philosophischen Formulierung, derjenigen von Leibniz (wenigstens so, wie Heidegger sie versteht, sagen wir zwischen: »*Was ist Metaphysik*« [1929] und *Der Satz vom Grund* [WS 1955/56]). Aber, wenn ich das zu sagen wage, unter der Bedingung, unter »Warum« das lateinische *per quid* zu verstehen, was nicht das *ex quo* ist: und nicht das »Weshalb« *[à cause de quoi]*, noch das »Weswegen« *[en vue de quoi]*, aber wohl das »Wodurch« *[par quoi]*, »was nötig ist, um zu« *[ce qu'il faut pour que]*, »was unentbehrlich (oder notwendig) ist für«, was man übersetzen kann mit: »unter welcher Bedingung?«, »mittels was« *[par la médiation de quoi]*. Die transzendentale Frage ist die wahre Fragestellung: »*Pourquoi?*«, und Kant stellt unter diesem Blickwinkel die Wahrheit von Leibniz dar.

kann ebenso sagen – aber hier ist nicht der Ort, um darauf näher einzugehen (ich werde an anderer Stelle versuchen, darauf zurückzukommen) –, daß er ein nicht lebendes Lebewesen ist. Ein »Sterblicher«, sagt Heidegger, d.h. ein »Unsterblicher«, wird Blanchot hinzufügen.[46] Es stimmt, daß Rousseau vor seiner eigenen Entdeckung zurückweicht, d.h. vor diesem Abgrund. Seine Formulierungen verraten jedenfalls nicht etwa eine Vorsicht, wie man immer sagt, sondern eine Verlegenheit. Es ist, grob gesagt, zu schwierig, den Menschen zu denken ohne das Tier, oder gar, auf Zeit, eine ursprüngliche Denaturierung der Natur, was vielleicht der Abgrund der ganzen Meta-*physik* ist, in welchem Sinn man dieses Wort auch verstehen mag. Dennoch hält er sich am Rand dieses Gedankens. Nachdem er zum Beispiel von Anfang des ersten Teils an gesagt hat:

Indem ich dieses so geartete Wesen aller empfangenen übernatürlichen Gaben und aller künstlichen Fähigkeiten, die es nur infolge großer Fortschritte erwerben konnte, entblößte, indem ich es also betrachte, wie es aus den Händen der Natur hervorgegangen sein mußte, sehe ich ein Tier, weniger stark als die andern, weniger beweglich als die andern, aber, alles in allem genommen, am vorteilhaftesten von allen ausgerüstet...[47]

Einige Seiten weiter präzisiert er:

Der Wilde ist von der Natur dem bloßen Instinkt preisgegeben oder ist vielmehr für den ihm fehlenden Instinkt durch Fähigkeiten entschädigt worden, die ihm anfänglich den Instinkt ersetzen können und ihn später weit über diesen hinaus zu erheben imstande sind. Er wird daher erst ganz wie die Tiere leben...[48]

---

46 Die Anspielung bezieht sich hier auf eine Arbeit über Blanchot, die im Gange ist: *Agonie terminée, agonie interminable. Sur Maurice Blanchot*.
47 Rousseau, *Schriften z. Kult.*, a.a.O., S. 85.
48 Ebd., S. 129.

Zweimal, man sieht es, definiert Rousseau den Menschen negativ: ein Tier, weniger stark als die andern, weniger beweglich (aber der Komparativ schwächt die Negativität ab), ein Tier, dem der Instinkt fehlt, d.h., dem die Tierheit fehlt. Aber zweimal schwankt die Aussage: unmittelbar wird dem Menschen eine vorteilhaftere »Organisation« unterschoben (man befindet sich im Vokabular, das Aristoteles nutzte, dem von *ergon* und *organon*) oder eine ursprüngliche Fähigkeit, um zu »ersetzen« *[suppléer]*. Und man betritt in der Tat in der Logik des Supplements, die Jacques Derrida so streng analysiert hat, die Ebene des »quasi Transzendentalen«. Und man sieht, ohne die geringste Schwierigkeit, daß sich diese Logik in die Mimetologie einfügt, die von Aristoteles ausgeht. Die *technè* wird darin nur als ein *Zuwachs [un surcroît]* zur *physis* gedacht.

Das zwingt übrigens Rousseau dazu, zwischen einer transzendentalen Deduktion (die er Angst hat aufzustellen) und einer empirischen Deduktion (die er ablehnt) den Mittelweg einer Fiktion der Ursprünge zu wählen, d.h. des Anfangs und des Übergangs, sollte dieser Augenblick – Strenge verpflichtet – auch unbezeichenbar oder auf wunderbare Weise auf einen natürlichen Zufall (oder ganz einfach auf den göttlichen Willen[49]) zurückgeführt werden. Unter diesem Blickwinkel müßte man genau untersuchen, inwieweit das transzendentale Präsens beständig der Modalisierung durch die narrative Vergangenheit unterworfen wird; oder wie – was auf dasselbe hinausläuft – der Hiatus zwischen Natur und Kultur darauf reduziert wird, nur eine »so große Entfernung« *[un si grand intervale]*[50] zu sein.

Aber dieser Weg bringt auch die schwache Version des Transzendentalen hervor, die – unvermeidbar – hauptsächliches Theorem der »Doktrin« bleibt: der Mensch unterscheidet sich vom Tier absolut durch jene beiden Eigenschaften oder ur-

---

49 Vgl. in Jean-Jacques Rousseau, *Essai sur l'origine des langues*, Paris (folio), 1990, S. 165 ff.: J. Starobinski, *L'inclination de l'axe du globe*.
50 Rousseau, *Schriften z. Kult.*, a.a.O., S. 139.

sprünglichen Virtualitäten, die so etwas wie die *vis dormitiva* seiner Menschheit bilden, die Freiheit und die Vervollkommnungsfähigkeit *[perfectibilité]* – wobei die Behauptung der »Freiheit« ausdrücklich gegen die Bestimmung des Menschen als *animal rationale* gerichtet ist: »Also setzt nicht so sehr das Erkenntnisvermögen den spezifischen Unterschied zwischen Tier und Mensch, sondern seine Eigenschaft der Willensfreiheit.«[51] Zweifellos findet die transzendentale Reflexion über die Geschichte im wesentlichen hier ihren Ansatz – jedenfalls die Reflexion Kants. Aber es besteht auch kein Zweifel, daß in Hinsicht auf die Frage nach dem Ursprung darin nicht das Entscheidende liegt. Freiheit und Vervollkommnungsfähigkeit sind Begriffe, auf die sich Rousseau stützt, während er bereits die Sprache der Resultate spricht und sich auf dem Weg engagiert, der zum »System« führt. Es ist kein Zufall, wenn sie die Erstellung des *Gesellschaftsvertrags* unterlaufen. Aber zuvor bei der ersten Intuition spricht Rousseau eine ganz andere Sprache mit einer ganz anderen Radikalität.

Und natürlich interessiert mich diese Sprache, denn dank der ursprünglichen Kühnheit kommt in ihr die transzendentale Problematik ans Licht, und diese Problematik tritt als eine Problematik der ursprünglichen *technè* auf – und nicht als eine der Moral oder der ursprünglichen Zivilisation. Ich erlaube mir im übrigen aus diesem Grund, von *Onto-technologie* zu sprechen.

---

51 Ebd., S. 107.

3

Nicht der Tierheit des Menschen gilt eigentlich Rousseaus Aufmerksamkeit. Auf der Ebene des Berichts oder der Mutmaßung ist die Sache schnell erledigt. Es gibt wenig zu sagen über den angenommenen »Naturzustand«, es sei denn in der Immobilität einer Zeit Null, das Menschentier, das Lebendige (das *zôon*) ganz einfach als ein Wesen mit Bedürfnissen, die es unmittelbar befriedigt: »Ich sehe es, wie es sich unter einer Eiche sättigt, im ersten besten Bach seinen Durst löscht und sein Bett zu Füßen desselben Baumes findet, der ihm seine Nahrung lieferte.«[52] Die sehr gedrängte Diskussion, die Rousseau unter anderen mit Malebranche, Buffon, Condillac, La Mettrie über das Tier als Maschine, die Empfindung und die Leidenschaften, die Geburt der Ideen usw. führte, spielt hier kaum eine Rolle. Was dagegen Bedeutung gewinnt, ist, daß, wenn der Naturzustand so der Zustand unmittelbarer Befriedigung ist, das Menschentier deshalb, verglichen mit den »Tieren«, nicht schlechthin minderwertiger ist. Gerade weil es minderwertig ist (es ist im Grunde ein Untertier), findet es die Möglichkeit, seine eigentlich tierischen oder vitalen Bedürfnisse zu befriedigen. Der Vorbehalt ist, daß dies nicht nach Art des elementaren oder *physischen* Lebens geschieht, sondern nach der Art dessen, was man wohl Über-leben [*sur-vie*] nennen muß, d.h. das *meta*-physische, oder diesem gleichbedeutend, das *technische* Leben.[53]

Wenn Rousseau den Gedanken eines ursprünglichen Mangels beim Menschen einführt, eines wesentlichen Naturfehlers – und

---

52 Ebd., S. 107.
53 Hier müsste man – wie eigentlich schon lange – daran gehen, ernsthaft zu analysieren, was Kant von Rousseau festhält, wenn er in der dritten *Kritik* von der »Technik der Natur« spricht (vgl. Kant, *Kritik der Urteilskraft*, I, 2, § 23; A.d.Ü.). Diese Analyse wird implizit im letzten Artikel von Gérard Lebrun geliefert: »Œuvre de l'art et œuvre d'art«, *Philosophie*, 63, Paris, 1999.

es handelt sich um das Fehlen jedes »eigentümlichen Instinkts«[54] – stellt er sogleich zwei Analysen an.

Die eine, die in Wirklichkeit an zweiter Stelle erfolgt, bezieht sich auf den »Körper des Wilden«[55], d.h. des Tieres, das seine Nacktheit selbst zur Kraft und zur Stärke zwingt, zur *Energie*, die die erste Bedingung für das Überleben ist. Rousseau, der von Anfang an in verstärktem Maße seine Aufmerksamkeit auf die Historizität des Körpers richtet, auf die »der körperlichen Verfassung widerfahrenen Veränderungen«[56], spricht nun vom Körper des Wilden als dem »einzigen diesem bekannten Werkzeug«[57], eine Maschine (im griechischen Sinn) oder Betrieb *[industrie]* (im lateinischen Sinn), vor jeder Maschine und vor jedem Betrieb: eine paradoxe primitive *technè*, natürlich un-natürlich, welche die Geschicktheit *[adresse]* oder ursprüngliche Geschicklichkeit *[habileté]* des Menschen bezeichnet – Hölderlin wird das durch das deutsche Wort *Geschick* übersetzen, was zugleich Virtuosität und Schicksal bedeutet (und man verkennt den spekulativen Glücksfall, den dieses Wort darstellen wird, nicht). Der Mensch ist, anders gesagt, ursprünglich ein Wesen von *technè*, im Sinn des *savoir-faire*. Das erlaubt Rousseau übrigens, zugleich die These von Hobbes zurückzuweisen (der Mensch ist ein kriegerisches Wesen) wie auch die von Montesquieu, die durch Cumberland und Pufendorf wiederholt wird (der Mensch ist ein furchtsames Wesen).[58] Der Wilde ist weder aggressiv noch ängstlich, aus dem guten Grund, weil er »unter die Tiere verstreut lebt, und da er sich sehr bald in die Lage versetzt findet, sich mit ihnen messen zu müssen, stellt er bald über ihr Verhältnis zu ihm Vergleiche an. Da er fühlt, daß er sie eher an Geschicklichkeit

---

54 Rousseau, *Schriften z. Kult.*, a.a.O., S. 87.
55 Ebd., S. 89.
56 Ebd., S. 65.
57 Ebd., S. 89.
58 Ebd., S. 91.

übertrifft als sie ihn an Stärke, verlernt er die Furcht vor ihnen.«[59] Aber halten wir gut fest: er *lernt* es, sie nicht mehr zu fürchten. So muß man in der Tat in diesem ersten (instrumentalen) Stadium der *technè* eine ursprüngliche Fähigkeit zum *Vergleich* ansetzen. Sie ist, wenn man an die *Poetik* von Aristoteles (22, 59a) denkt, aber auch an die *Problemata,* XXX, 12, nichts anderes als die metaphorische Fähigkeit *(to metaphorikon einai),* verstanden als ursprünglich theoretische Fähigkeit (die Fähigkeit, das Ähnliche zu sehen und also den Unterschied festzustellen: *to gar eu metaphorein to to homoion theôrein estin*) und als Zeichen der natürlichen Begabung oder des Genies, *euphyia (ingenium).* Die *technè,* im Sinne der tropischen oder polytropischen Kunst ist das Genie des Menschen, seine natürlich un-natürliche oder übernatürliche Gabe, denn in Ermangelung von Instinkt »ersetzt« *[suppléé]* sie. Der Mensch ist ein tropisches Wesen – noch einmal eine andere Formulierung für das grundlegende Oxymoron, die im übrigen, was den figuralen Ursprung der Sprache betrifft und die erschließende »leidenschaftliche Erregung« *[transport],* die die Gesellschaftlichkeit erschließt, (speziell im *Versuch über den Ursprung der Sprachen*) nicht ohne Folge sein wird.

Aber wenn der Mensch so geartet ist, so zuallererst aufgrund dessen – und das ist, immer noch direkt von Aristoteles hergeleitet, die andere Analyse, die Rousseau anstellt –, daß er ein mimetisches Wesen ist. Zweites Stadium, d.h. noch ursprünglicheres Stadium der *technè.* Im *agôn,* der den Menschen, nicht wie bei Hobbes den anderen Menschen entgegensetzt, sondern den Tieren – dieser *agôn* ist der ursprüngliche *agôn,* was heißt, daß der Ursprung agonal ist (weder Hegel noch Heidegger werden das vergessen) –, [im *agôn* also] »ersetzt« der Mensch aufgrund seines Mangels an Instinkt durch sein Genie der Nachahmung – das ist in Wirklichkeit die allererste Bedingung für sein Über-leben (für sein meta-physisches Leben):

---

59 Ebd., S. 93.

Die ihrer natürlichen Fruchtbarkeit überlassene Erde, die ungeheure Wälder bedecken, welche nie die Axt verletzte, bietet auf Schritt und Tritt Vorratsstätten und Zufluchtsorte für Tiere jeder Art. Die unter ihnen verstreuten Menschen beobachten sie, ahmen ihre Geschicklichkeit nach und erheben sich auf diese Weise bis zur Instinktsicherheit der Tiere. Jedoch jede Gattung hat nur den ihr eigentümlichen Instinkt, der Mensch aber hat, da er vielleicht keinen ihm eigentümlichen hat, den Vorteil, daß er sich alle anzueignen vermag. Er ernährt sich gleicherweise von dem größeren Teil der verschiedenen Lebensmittel, in welche die anderen Tiere sich teilen und findet infolgedessen seine Nahrung leichter als irgendeines von ihnen.[60]

Das Überraschende ist hier nicht, daß Rousseau, bewußt oder nicht, der *Poetik*, speziell dem Anfang im berühmten Kapitel IV (48b) folgt, wo Aristoteles den Menschen als *mimetès physei* definiert, und von dieser Definition mittels des Vergnügens und der Freude – Rousseau sagt »Genuß«[61] – die Fähigkeit des *manthein* und des *theôrein* ableitet, also die Fähigkeit zur Trope. Das Überraschende ist, daß diese Definition *die Definition des Schauspielers selbst* ist, die sich Rousseau als erster im *Brief an d'Alembert über das Schauspiel* zu eigen macht, um auf Argumente zu antworten, die er sehr gut kennt und die in der Tat sehr viel später von Diderot im *Paradoxe* gegen ihn vorgebracht werden, schließlich aber, um natürlich das Theater zu verdammen, wobei er Platon (wenn nicht die Kirchenväter) wiederholt: da der Schauspieler keinen eigenen Charakter hat, ist er geeignet, sich alle Charaktere anzueignen.[62] Er ist »der Mann ohne Qualitäten« (oder genauer »ohne Eigenschaften«), wie Musil sagt.

---

60 Rousseau, *Schriften z. Kult.*, a.a.O., S. 85 ff.
61 Ebd., S. 135:»»Wir suchen nur zu erkennen, weil wir zu genießen wünschen.«
62 Vgl. Jean-Jacques Rousseau, *Lettre à d'Alembert sur les spectacles* in: *Œuvres*, V, a.a.O., S. 72-74 (Dt.: Jean-Jacques Rousseau, *Schriften*, Bd. 1, hsg. von

Der Mensch ist also ursprünglich ein Schauspieler. Das bedeutet im Grunde seine vorteilhafte Organisation und das, was aus ihm mehr macht (d.h. weniger) als »eine kunstreiche Maschine, der die Natur Sinne gegeben hat, um sich selbst wieder aufzuziehen und bis zu einem gewissen Grad gegen alles zu schützen, was sie zerstören oder in Unordnung bringen könnte.«[63] Wir sind immer noch bei Aristoteles: Weil der Mensch ein von Natur unvollendetes Wesen ist, vollendet die Kunst in ihm – der Mimetismus, d.h. die *technè mimètikè* – was die Natur nicht bewerkstelligen konnte. Gewiß, Rousseau übersetzt diese Intuition in Begriffe von Freiheit und Vervollkommnungsfähigkeit: »Genau das gleiche stelle ich an der menschlichen Maschine fest, nur mit dem Unterschied, daß bei den *Bewegungen* (Hervorhebung von mir) der Tiere die Natur alles tut, während der Mensch bei den seinen mithilft, insofern sein Wille frei ist.« Aber diese Freiheit – oder, auf der folgenden Seite, diese »Fähigkeit zur Vervollkommnung« – hängt ganz und gar von der Gabe ab, *alles* sein zu können, weil man *nichts* ist, anders gesagt, *spielen* zu können.

Von da aus verbietet nichts zu denken, daß der Naturzustand ein Theater ist, oder genauer, daß eine *ursprüngliche Szene* der Denaturierung des Menschen Rechnung trägt oder Recht verschafft, d.h. seinem obligatorischen Eintreten – seiner Geburt – in die Geschichte und in die Kultur: ins *Spiel* der Geschichte und der Kultur.

Diese Szene ist klar auffindbar; und man weiß, daß eine solche Szene unter der einen oder der anderen Form regelmäßig wiederkehrt.[64] Sie ist tatsächlich ursprünglich *[primitive]*. Sie geht der

---

H. Ritter, München, 1978, S. 414). Denis Diderot, *Paradoxe sur le comédien* in: Œuvres, Paris, 1962, S. 1422ff.
63 Rousseau, *Schriften z. Kult.*, a.a.O., S. 105.
64 Es ist natürlich nicht dieselbe Szene, die wiederholt wird, vielmehr ist es, als ob eine »ursprüngliche Szene« immer wieder und überall notwendig wäre: Szene mit den Quellen im Kap. IX des *Versuchs über den Ursprung der Sprachen*; Szene der Weinernte in der *Neuen Heloise*; Szene des »Regiments von Saint-Gervais« im *Brief an d'Alembert*; Szene des Unfalls im »Zweiten Spazier-

Errichtung des Reichs der Freiheit und der Ausübung der Perfektibilität weit voraus, die sie in Wirklichkeit voraussetzen.
Das geschieht im Vorwort: Rousseau hat kurz zuvor den Gedanken des Naturgesetzes zurückgewiesen, d.h. das Thema selbst, das ihm gestellt worden war. Er sagt danach folgendes:

Wir lassen also von allen wissenschaftlichen Büchern ab, die uns die Menschen nur als das Werk ihrer selbst sehen lehren und denken über die ersten und einfachsten Regungen der menschlichen Seele nach. Dabei glaube ich zwei Prinzipien zu bemerken, die vor dem Verstand da sind. Das eine macht uns leidenschaftlich um unser Wohlergehen und unsere eigene Erhaltung besorgt. Das andere flößt uns einen natürlichen Widerwillen dagegen ein, irgendein fühlendes Wesen, vor allem unseresgleichen, umkommen oder leiden zu sehen. Gerade aus dem Zusammenwirken und der Verbindung, die unser Geist aus diesen beiden Prinzipien herzustellen imstande ist, ohne daß man notwendigerweise den Hang zur Geselligkeit hinzufügen muß, scheinen mir alle Regeln des Naturrechts zu fließen. Diese Regeln muß die Vernunft sofort auf anderer Grundlage neu errichten, sobald sie es infolge ihrer allmählichen Fortschritte fertig gebracht hat, die Natur zu ersticken.[65]

Jean Starobinski hat nicht Unrecht, wenn er denkt, daß hier das ganze dialektische Denken der Geschichte, d.h. das Prinzip der Geschichtlichkeit selbst, so wie es sich von Kant aus entfalten wird, im Matrixstadium gegeben ist: unter dem Blickwinkel der Problematik des Naturrechts wird klar gezeigt, daß, nachdem der Naturzustand verloren ist, es Sache der Vernunft oder der Kultur ist, die ihn verneint hat, ihn »auf anderen Grundlagen wiederzuerstellen« und so das zu erlauben, was Kant als »eine Wieder-

---

gang« der *Träumereien* usw. (es gibt noch andere). Man müßte sie alle aufzählen und systematisch analysieren.
65 Rousseau, *Schriften z. Kult.*, a.a.O., S. 71f.

versöhnung zwischen der *Natur* und der *Kultur* mit Hilfe der
›praktischen Vernunft‹« postulieren wird.[66] Starobinski fügt im
übrigen hinzu, daß »nach Rousseau die Gesellschaft die Aufgabe
hat, das, was sie verneint hat, zu bewahren«, was, wie er sagt,
»ein ergreifendes Beispiel« für das bietet, »was Hegel *Aufhebung**
nennen wird«. Das ist unbestreitbar. Aber was Starobinski hier
nicht bemerkt – so wenig wie sonst jemand, nach meiner Kenntnis –, ist der seltsam vertraute Charakter der Antinomie der (vorrationalen und vor-sozialen) Prinzipien, auf die sich Rousseau
bei den »ersten und einfachsten *Operationen* [ich unterstreiche]
der menschlichen Seele«, gründet: das eine, präzisiert er, »macht
uns leidenschaftlich um unser Wohlergehen und unsere eigene
Erhaltung besorgt. Das andere flößt uns einen natürlichen Widerwillen dagegen ein, irgendein fühlendes Wesen, vor allem unseresgleichen, umkommen oder leiden zu sehen.«[67]

Die zweite dieser »Operationen« ist das Mitleid. Rousseau entfaltet in aller Breite seine Analyse. Gegen Hobbes und dank Mandevilles, dem dennoch »übertriebensten Verleumder der menschlichen Tugenden«,[68] betrachtet Rousseau es als »die einzige
natürliche Tugend«: »eine Anlage, die so schwachen und vielen
Schmerzen ausgelieferten Wesen wie uns gemäß ist. Es ist eine
Tugend, die unter den Menschen um so verbreiteter und um so
nützlicher ist, als sie bei ihnen dem Gebrauch jeglicher Reflexion
vorhergeht. Es ist so natürlich, daß sogar die Tiere zuweilen
sichtbare Zeichen davon geben.«[69] Die erste [Operation], die
keine Tugend ist (und in bezug auf die das Mitleid die Funktion
hat, sie zu »mäßigen«), ist die Eigenliebe *[l'amour de soi]*, die
Rousseau sorgfältig von der Selbstsucht *[l'amour-propre]*, ihrem

---

66 Vgl. die Anmerkung Starobinskis in: Rousseau, *Œuvres*, III, a.a.O., S. 1299,
n. 2. Gleichfalls ist es nötig, auf die beiden Anmerkungen der Einführung und
des Textes des *Versuchs* zu verweisen in: Rousseau, *Œuvres*, V, S. CCI-CCIII und
S. 1559-1561) und natürlich auch auf die Analysen, die durch denselben Autor
in: *Das Rettende in der Gefahr*, Frankfurt/Main, 1992 entfaltet werden.
67 Rousseau, *Schriften z. Kult.*, a.a.O., S. 71f.
68 Ebd., S. 173.
69 Ebd., S. 171.

gesellschaftlichen Ableger, unterscheidet und definiert als »ein natürliches Gefühl, das jedes Tier dazu anhält, über seine Erhaltung zu wachen.«[70] So sehr das Mitleid kaum ein Problem darstellt – selbst wenn Rousseau auf bezeichnende Weise zweifellos vor seiner eigenen Entdeckung zurückweicht, die nicht geringer zu bewerten ist als die der Ursprünglichkeit der Aufwallung *[transport]* und der Identifizierung, d.h. der Einbildungskraft *[imagination]* (die im Grunde bereits – wir beginnen, das zu sehen – das Transzendentale selbst ist),[71] so sehr bleibt die Selbstliebe – um gerade nicht zu sagen, der Erhaltungstrieb – rätselhaft. Das ist, weil Rousseau sie – nach wie vor gegen Hobbes und Montesquieu – nicht direkt auf die Furcht beziehen will und damit also auf die Bösartigkeit oder auf den Haß, selbst wenn er es nicht vermeiden kann, sie mit einer ursprünglichen Agonistik und folglich mit der Wahrnehmung einer Gefahr zu verbinden: »Da seine [des Wilden] eigene Erhaltung fast seine einzige Sorge ist, muß er jene Kräfte am meisten ausgebildet haben, die dem Angriff und der Verteidigung dienen, sei es um seine Beute zu bezwingen, sei es, um sich davor zu schützen, die eines anderen Tieres zu werden.«[72] Rousseau muß wohl anerkennen, daß die Selbstliebe die Todesfurcht voraussetzt. Und deshalb ist sie im übrigen untrennbar von der Projektion oder der mitleidenden Identifizierung, die in Wirklichkeit *dieselbe* Furcht voraussetzt.[73]

Furcht und Mitleid also. Man erkennt hier die beiden *pathemata* wieder, welche nach Aristoteles die Tragödie die Funktion hat zu

---

70 Ebd., S. 169.
71 Ebenso wird Rousseau nie auf eine gewisse Ursprünglichkeit der leidenschaftlichen Erregung (Aufwallung) *[transport]* verzichten, wie es in gleicher Weise der *Versuch* wie der *Émile* belegen. J. Derrida ebenso wie J. Starobinski haben das Wesentliche dazu gesagt; ich komme darauf nicht zurück, außer um zu bemerken, daß Hölderlin in seiner Theorie des »tragischen Transports« sich vielleicht an Rousseau erinnert. Aber ich spreche an anderer Stelle davon.
72 Rousseau, *Schriften z. Kult.*, a.a.O., S. 105.
73 Das wird besonderes klar im Kapitel IX des *Versuchs*. Vgl. Rousseau, *Versuch über den Ursprung der Sprachen* in: *Sozial. u. Polit. Schriften*, a.a.O., S. 186.

kathairein, zu reinigen *[purifier]* oder zu läutern *[purger]* (Lassen wir zunächst diese beiden Übersetzungen zu, ohne zu versuchen, sie zu differenzieren). Ich habe andernorts die Hypothese aufgestellt, daß die funktionale Theorie der Tragödie spezifisch politischer Natur ist und daß Aristoteles im Prinzip der tragischen Wirkung die beiden transzendentalen (und antinomischen) Affekte der Sozialität vereinigt: den Affekt der *Assoziation* oder der Verbindung (das Mitleid) und den der *Dissoziation* oder der Auflösung (die Furcht), wozu die Politik und besonders die Kunst der Politik (d.h. auch, die Politik als Kunst ist keineswegs etwas anderes) beauftragt sind, den möglichen Exzeß zu regulieren oder »abzumildern«: sei es der Krieg aller gegen alle, sei es die Fusion einer Vergemeinschaftung, beide in gleicher Weise verhängnisvoll. (Aber Rousseau erlaubt eben auch die Formulierung dieser Hypothese.[74] Im vorliegenden Fall gegen Platon, der im Mitleid und in der Furcht nur Schwächen des Bürger-Soldaten oder des Soldaten-Bürgers sieht: also eine Gefahr für den militarisierten Staat.)

---

74 Man muß sich über diese Hypothese einig sein: sie besteht nicht darin, zu sagen, daß die aristotelische Poetik der Tragödie nur *politisch* zu verstehen wäre. Obgleich... Die Hypothese besteht darin, zu sagen, daß die philosophisch-politische Debatte, die seit der Renaissance – während des *wirklichen* Zusammenbruchs der theologisch-politischen Debatte – eröffnet wurde, eröffnet *beispielsweise* durch Machiavelli, untrennbar ist von einer Lektüre, die sich um die *Poetik kümmert.* Eine Lektüre, die uns vielleicht *retrospektiv* über die in Frage stehende *Poetik* aufklärt. Ich will also nicht sagen, daß Rousseau hier Aristoteles kommentiert (obgleich...), sondern daß Rousseau und selbstverständlich einige andere Aristoteles erhellen. Sie geben uns das, wovon in der *Poetik* die Rede ist, zu bedenken. Anders und brutaler gesagt, ist eine retrospektive Lektüre von Aristoteles wahrscheinlich notwendig. Sie böte umgekehrt eine gewisse Chance, die moderne politische Philosophie zu erhellen, Marx und Freud eingeschlossen, wenn man einverstanden ist, diese zu lesen. Ich muß hier hinzufügen, daß Rousseau im *Émile* ohne jeden Zufall (Rousseau, *Œuvres*, IV, a.a.O., S. 506) »die positive oder anziehende Handlung« der »negativen oder abweisenden Handlung« entgegenstellt, oder die Liebe dem Haß, wenn man will: die Attraktion der Repulsion. Der Gedanke ist bereits im II. Kapitel des *Versuchs* gegenwärtig unter dem Thema des »leidenschaftlichen« Ursprungs der Sprachen: »Alle Leidenschaften bringen die Menschen einander

Der *Ursprung* setzt also in der Tat eine *Repräsentation* voraus: *mimesis* oder *Darstellung**.
Ich habe von *Ursprungsszene [scène primitive]* oder von *Ursprungstheater [théâtre originaire]* gesprochen. Denn es ist auffallend, zu sehen, bis zu welchem Punkt eine theatralische Metaphorik alle Analysen lenkt, die Rousseau unternimmt.
Im Falle des Mitleids ist das allzu deutlich. Alles beruht auf jenem Prinzip, daß »*das zuschauende Tier* [ich unterstreiche] sich mit dem leidenden Tier innig identifiziert«;[75] und man sieht leicht, daß sich die ganze Beschreibung Rousseaus in Wirklichkeit auf das Rätsel – oder das Paradox – der tragischen Wirkung stützt. Sie beginnt mit diesem vorrangigen Argument: »So ist die reine, jeder Reflexion vorausliegende Regung der Natur. So ist die Stärke des natürlichen Mitgefühls, das selbst die entartetsten Sitten Mühe haben zu zerstören. Denn man sieht tagtäglich in unseren Schauspielen, wie die Leiden eines Unglücklichen jemand rühren und weinen machen, der, wenn er an der Stelle des Tyrannen stände, die Qualen seines Feindes noch verstärken würde.«[76] Rousseau legt im übrigen so großen Wert auf dieses Argument, daß er in einer späteren Hinzufügung wörtlich eine Passage aus dem *Brief an d'Alembert* hinzufügt, die von Plutarch und von Montaigne inspiriert ist: »– dem blutdürstigen Sulla ähnlich, der für Leiden, die er nicht verursacht hatte, so feinfühlig war oder jenem Alexander von Pherai, der aus Furcht, er könne mit Andromache und Priamus seufzen, nicht der Darstellung einer Tragödie beizuwohnen wagte, während er die Schreie so vieler Bürger, die man täglich auf sein Geheiß ermordete, ohne

---

näher, welche die Notwendigkeit, ihr Leben zu fristen, einander zu fliehen zwingt. Nicht Hunger noch der Durst, sondern die Liebe, der Haß, das Mitleid, der Zorn haben ihnen die ersten Stimmen abgetrotzt.« [Rousseau, *Sozialphilosophische und Polititische Schriften*, a.a.O., S. 170f.] Genau darum handelt es sich hier.
75 Rousseau, *Schriften z. Kult.*, a.a.O., S. 175.
76 Ebd., S. 173.

Bewegung mitanhörte.«[77] Mit diesem »Einschub« werde ich mich gleich befassen.

Aber im Fall der Selbstliebe ist die Sache ebenso klar, und man findet dazu dieselbe Metaphorik. Zum Beispiel bereits von Anfang der Diskussion zu Hobbes und zu Montesquieu an in bezug auf die Furcht: »Das kann für Dinge gelten, die er [der Wilde] nicht kennt. Ich zweifle nicht, daß er durch jeden ungewöhnlichen Anblick *[par tous les nouveaux spectacles]* [ich unterstreiche *spectacles*] jedes Mal erschreckt wird, wenn er nicht das körperliche Gut oder Übel zu unterscheiden vermag, das er zu erwarten hat, und wenn er nicht seine Kräfte und die Gefahren abschätzen kann.«[78] Oder auch in der Anmerkung o in bezug auf die Unterscheidung zwischen Selbstliebe und Selbstsucht: »...ich sage, daß in unserem primitiven Zustand, im wahren Naturzustand, die Selbstsucht nicht vorkommt. Da jeder Mensch als einzelner *sich allein zum Zuschauer* [ich unterstreiche wieder] hat, der ihn beobachtet, als das einzige Wesen im Universum, das sich für ihn interessiert, als der einzige Richter über seine eigenen Verdienste, kann unmöglich ein Gefühl in seiner Seele keimen, das seine Quelle in Vergleichen hat, die über seinen Horizont hinausgehen.«[79]

Diese Texte sprechen für sich selbst. Ich halte es hier nicht für erforderlich, sie zu paraphrasieren.

Aber ich möchte an dieser Stelle die Dinge für einen Augenblick unterbrechen.

Die Onto-technologie, so wie Rousseau sie begründet, die die Möglichkeit für ein Denken der Geschichtlichkeit eröffnet, setzt also ein *Theater* voraus. Die Existenz ist historisch (von »historischem Charakter« *[historiale]*) insofern, als der Mensch sie spielt, d.h. sie vorstellt *[imagine]*. Voraussetzung ist, daß wahr ist – und das ist unbestreitbar wahr –, daß *imago* und *imitatio (mimesis)*

---

77 Ebd.
78 Ebd., S. 91.
79 Ebd., S. 169f., Anm. o.

zum selben semantischen Feld gehören. Die Szene ist tatsächlich etwas primitiv Ursprüngliches *[primitive]*.

Gerade dies hat Hölderlin von Rousseau festgehalten, als er seine Interpretation der Geschichte auf die Lektüre der beiden Tragödien von Sophokles, *Antigone* und *Ödipus*, gestützt hat, die eine Sinnbild für das alte Tragische, die andere für das moderne Tragische.[80] Interpretation der Geschichte will sagen: der Geschichte der Kunst, der Beziehung zwischen *physis* und *technè*, Natur und Kultur, »aorgisch« und »organisch« (aber jede Geschichte ist vielleicht seit Rousseau im Grunde Kunstgeschichte).

Und das ist auch genau das, wovon nach Heidegger nicht die Rede sein soll: abgesehen davon, daß er nie den geringsten Kommentar auf die sogenannten »theoretischen« Texte Hölderlins über das Theater und die Tragödie verwendet (*Grund zum Empedokles, Anmerkungen zum Oedipus, Anmerkungen zur Antigonä*),[81] erinnert man sich an seine lapidare Erklärung in den Vorträgen von 1936 über den »Ursprung des Kunstwerks«, durch die er, indem er Hegel wiederholt, eine ganze Onto-theologie der Kunst und von da aus gezielt eine ästhetisch-politische Theologie erneuert: die Tragödie, sagt er im wesentlichen, das tragische Dichtwerk ist weder eine Sache der Ausführung noch der Inszenierung, es hat also nichts zu tun, wenn man so sagen kann, mit dem Theater; es ist der Ort des *Kampfes** oder des *Streites* (polemos)* zwischen alten und neuen Göttern.[82]

Zweifellos ist die – ungeheuerliche – Blindheit, die in bezug auf Rousseau gezeigte philosophische Verachtung nicht grundlos. Ich habe vom *Zurückweichen [recul]* Rousseaus gesprochen. Dabei ließ ich mich im übrigen durch Heideggers Lektüre von Kant

---

80 Vgl.»Hölderlin und die Griechen« in: Philippe Lacoue-Labarthe, *Die Nachahmung der Modernen*, Basel, 2001, S. 71 ff.
81 Er »zitiert« sie gerade hier oder dort in seinen Vorlesungen, und immer, man könnte es mühelos nachweisen, auf »tendenziöse« (um nicht zu sagen skandalöse) Art. Ich kann hier nicht darauf eingehen.
82 Martin Heidegger, *Der Ursprung des Kunstwerks* in: *Holzwege*, GA 5, Frankfurt/Main, 1977, S. 29: »In der Tragödie wird nichts auf- und vorgeführt, sondern der Kampf der neuen Götter gegen die alten wird gekämpft.«

inspirieren und, genauer gesagt, durch seine Interpretation des transzendentalen Schematismus (also der *transzendentalen Einbildungskraft*). Nirgendwo ist dieses Zurückweichen offensichtlicher als dort, wo Rousseau – eine Stelle äußerster Verdichtung – frontal gegen zwei aporetische Schwierigkeiten stößt, die, wenn sie auf der Basis der Existenzialanalyse und der Fundamentalontologie miteinander verbunden und zusammen behandelt werden, den »Schritt zurück« in die Metaphysik des *animal rationale* und des *zôon logon echôn* seine volle Bedeutung gewinnen lassen.

Die erste dieser Schwierigkeiten hat – man kann darüber nicht erstaunt sein – zu tun mit der Furcht. Auf dem Umweg über eine Genealogie der Leidenschaften bemerkt Rousseau, daß der Wilde, »der jeder Art von Erkenntnissen *[lumière]* beraubt ist, [...] nur die Leidenschaften« erfährt, die sich vom »bloßen Antrieb der Natur« herleiten. Er fügt dann hinzu, und die empiristische Ausflucht ist offensichtlich: »Seine Wünsche gehen nicht über seine physischen Bedürfnisse hinaus. Die einzigen Güter, die er in dem Universum kennt, sind Nahrung, ein Weib und Ruhe. Die einzigen Übel, die er fürchtet, sind Schmerz und Hunger. Ich sage Schmerz und nicht Tod, denn niemals kann ein Tier wissen, was Sterben ist und die Kenntnis vom Tod mit seinem Schrecken ist eine der ersten Errungenschaften, die der Mensch bei seiner Entfernung von dem tierhaften Zustand gemacht hat.«[83]

Die zweite Schwierigkeit ist sehr berühmt; sie überdeterminiert – und verbaut zweifellos teilweise – das ganze Denken Rousseaus bis zum *Gesellschaftsvertrag*. Sie liegt in dieser Verzichtformel, die das vergebliche Unterfangen des *Versuchs über den Ursprung der Sprachen* belasten wird: »Mich selbst erschrecken die sich häufenden Schwierigkeiten, und ich bin von der fast bewiesenen Unmöglichkeit überzeugt, daß die Sprachen durch rein menschliche Mittel hätten entstehen und sich durchsetzen kön-

---

83 Rousseau, *Schriften z. Kult.*, a.a.O., S. 135.

nen. Ich überlasse dem, der will, die Diskussion dieses schwierigen Problems, was der Gesellschaft notwendiger gewesen ist: eine Gesellschaft vor Einführung der Sprache oder die Einführung der Sprache vor der Vereinigung zu einer Gesellschaft.«[84]
Rousseau würde also – die gewiß tragische – Bestimmung des Wesens des Menschen als »der Sterbliche, der das Wort hat (oder »*langage*«, bzw. »*langue*«: *die Sprache**)« fehlen, eine Formel, die jeder Onto-logik vorausliegt – gewähren wir ihr diesen Kredit – und die die letzte Predigt Heideggers skandiert. Darin läge auch das Geheimnis von Rousseaus »Liberalismus«, und es wäre der Ausdruck seiner philosophischen Unzulänglichkeit. Es sei denn – aber das verlangt einen ganz anderen Beweis – der Sterbliche, der die Sprache hat, wäre bereits bei Rousseau nachweisbar: in diesem Fall wäre die bis in die Epoche Heideggers programmierte Politik vielleicht der Schrecken *[Terreur]*... Ich will sagen: die Politik, die in jedem Sinn auf die *Erfahrung* des Todes gegründet ist.[85] Aber diese lapidare Anspielung führt nicht weiter (und es wäre gut, sich eines Tages *ernsthaft* darüber zu befragen, was die jakobinische Politik und der revolutionäre Etatismus ganz allgemein, letztlich Rousseau verdanken).

Hier nun ist es in Wirklichkeit wichtiger zu fragen, was Rousseau unter *Errungenschaft [acquisition]* versteht, wenn er sagt: »die Kenntnis vom Tod mit seinem Schrecken ist eine der ersten Errungenschaften, die der Mensch bei seiner Entfernung von dem tierhaften Zustand gemacht hat.«[86] Anders formuliert: was heißt *Entfernung*? Was sind hier die Natur und das Maß, die Kommensurabilität der Distanz? Des »Intervalls«, wie Rousseau sagt? Das ist die ganze Frage des Hiatus oder des Abgrunds zwischen Natur und Kultur: der *Zäsur* des Ursprungs. Das ist demzufolge die ganze Frage des *manthanein* im Sinne des Aristoteles

---

84 Ebd., S. 161.
85 Ich denke an das von Domenico Losurdo in Französisch unter dem Titel: *Heidegger et l'idéologie de la guerre*, Paris, 1998, publizierte Buch. Trotz seinem seltsamen Groll kann man das Buch als »eindrucksvoll« bezeichnen.
86 Rousseau, *Schriften z. Kult.*, a.a.O., S. 135.

(lernen, sich zu eigen machen): der *mimetischen Mathematik*, wenn man so die Übersetzung des Anfangs des IV. Kapitels der *Poetik* verdichten kann. Und schließlich ist es die ganze Frage der Präposition *meta*: Meta-physik oder Meta-pher, in allen Fällen *Trans-port*. Wie soll man die ursprüngliche *Ek-stase* denken, oder den Ursprung – den *Ur-sprung**, den »Sprung«, das ursprüngliche Hervorspringen –, die inkommensurable *Ent-fernung* [é-loignement]* vom Ursprung? Die *Ent-eignung [dé-propriation]*, die allein den Zugang zum *Eigenen [propre]* autorisiert, um die Sprache Hölderlins zu sprechen? Kurz, die *transzendentale Negativität*?

Wenn Heidegger gewollt hätte, er hätte sich aufmerksam dem *Denken* Rousseaus zuwenden können. Das hat er offensichtlich nicht *gewollt*. Aber indem er so zurückwies, ihm einen Platz in der Geschichte und im Schicksal der Philosophie zuzuteilen – und also untrennbar davon, der »Dichtung« –, hat er vielleicht jene *Wendung* des Denkens verpaßt, wo sich, unter der Frage nach dem Ursprung des Politischen, der Ursprung des Denkens (des Meta-physischen als solchem) plötzlich zur Höhe des philosophischen Fragens erhoben hat. Es gab im Denken Rousseaus alles, wenn auch sicher auf dunkle Weise, um freizulegen, was in Wirklichkeit Cassirer oder das »liberale Denken« darin nicht freilegen konnten (aber was ihrerseits Kant, Hölderlin, Hegel sehr wohl wahrgenommen hatten): nämlich daß der Ursprung oder die Möglichkeit der Metaphysik nichts anderes ist als das Meta-physische *als* Ursprung und daß dies der Sinn ist von dem, was ich hier unbeholfenermaßen die Onto-technologie Rousseaus nenne.

Der »Ausrutscher« *[dérapage]* Heideggers – es handelt sich buchstäblich um einen solchen – ist ein politischer. Gewiß. Aber das heißt ganz einfach, daß er ein *philosophischer* ist. Es ist nutzlos und verhängnisvoll, sich über diese Offensichtlichkeit hinwegzutäuschen. Die Frage bleibt dabei voll bestehen: was genau fürchtet Heidegger bei Rousseau? Ein unzulängliches Denken der »Natur«? Das ist die offizielle Version, d.h. *seine* Version. Sie schließt unglücklicherweise ein, daß er keinen Augenblick versucht hat, ihn zu lesen; was übrigens kaum wahrscheinlich ist. Wäre es also der verborgene, aber zugängliche Gedanke der »Ursprungstheatralität« oder der Ursprungs-*mimesis*? Das wäre hier wahrscheinlicher, selbst wenn es Heidegger selbst ist und kein anderer – ein unauflösbares Paradox – der im Grunde die Eingebung eines solchen Gedankens rechtfertigt. Der Streit ginge in diesem Fall um die Ursprünglichkeit des *Begriffs* von *mimesis*, der Heidegger bekanntlich nicht mehr befriedigt als der von *natura*. Der Streit ginge also letztlich um das *Theater* – dem Heidegger einen hartnäckigen Haß und eine hartnäckige Verachtung entgegenbringt.

Aber Gleiches bei Rousseau... bei ihm werden, das ist allbekannt, Haß und Verachtung des Theaters noch viel stärker *hervorgekehrt* und *gefordert*. Wovor weicht Heidegger also zurück?

Es ist in diesem Punkt unmöglich, die Frage offen zu lassen.

II

Das vorausliegende Theater

1

Dem Anschein nach ist es ein sinnloser Versuch, bei Rousseau einen *anderen Gedanken* über das Theater zu suchen, als den, der ihm dazu dient, es unwiderruflich zu verdammen. Und dieser führt als solcher zum Scheitern, oder, wenn nicht – und das ist noch schlimmer – so ist er Anlaß zu allerlei subtilen und erdichteten, willkürlichen und trügerischen Ausarbeitungen: zu »eitlen Sophismen« hätte er gesagt, er, der nichts mehr liebte, als die »Paradoxien«. Jeder weiß doch, daß Rousseau *auch* ein »Theatermensch« war: daß er für das Theater schrieb, daß er einige Erfolge dabei hatte, daß er gerne beim Theater Karriere gemacht hätte, daß er, wenigstens während einer gewissen Zeit, fleißig die Theater von Paris und Venedig besuchte und daß er, wie in allem, sowohl über eine ausgezeichnete Kenntnis des klassischen und modernen Repertoires verfügte als auch über eine sehr ausgedehnte Kultur im Bereich der theatralischen Poetik. Aber schließlich gibt es die »Doktrin«, und sie ist ohne die geringste Zweideutigkeit: wie er es von der ersten *Abhandlung* an gesagt und wiederholt hat – selbst in der Vorrede zum *Narziß*: das Theater ist, wie im übrigen die Literatur ganz allgemein, für Gesellschaft und Politik ein »Gift«.[1] Es ist buchstäblich und in jederlei Bedeutung das *Opium des Volkes*. Nichts, nicht das Geringste, kann es »retten«.

Über diese Verdammung ist alles gesagt; es müsste sich erübrigen, darauf zurückzukommen.
Dennoch beharre ich darauf nachzufragen. Und ich gehe erneut von dem aus, worauf ich zuvor nur beiläufig aufmerksam gemacht habe: wie kam es, daß Rousseau die Notwendigkeit verspürte, als er eine Neuauflage der zweiten *Abhandlung* vorbereitete (die in Wirklichkeit erst nach seinem Tod, im Jahre 1782

---

1. Vgl. Rousseau, *Schriften*, 1, hsg. von H. Ritter, München, 1978, *Vorrede zu Narzisse*, bes. S. 161f.

erschien, in der Ausgabe Moultou-Du Peyrou), in seine Analyse des »natürlichen« Mitleids, deren absolut entscheidende Tragweite man kaum bestreiten kann, die Passage aus dem *Brief an d'Alembert* einzuschließen, welche die Infragestellung der behaupteten »moralischen Wirkung« des Theaters ganz allgemein und der Tragödie speziell rechtfertigte? Man erinnert sich, Rousseau hatte geschrieben: »So ist die reine, jeder Reflexion vorausliegende Regung der Natur. So ist die Stärke des natürlichen Mitgefühls, das selbst die entartetsten Sitten Mühe haben zu zerstören. Denn man sieht tagtäglich in unseren Schauspielen, wie die Leiden eines Unglücklichen jemand rühren und weinen lassen, der, wenn er an der Stelle des Tyrannen stände, die Qualen seines Feindes noch verstärken würde.«[2] Rousseau hat also eindringlich darum gebeten, daß man hier die paar Zeilen aus dem *Brief* einfüge, die im übrigen von Plutarch und von Montaigne kommen und wo letzterer von ersterem abschrieb usw.: »Dem blutdürstigen Sulla ähnlich, der für Leiden, die er nicht verursacht hatte, so feinfühlig war, oder jenem Alexander von Pherai, der aus Furcht, er könne mit Andromache und Priamus seufzen [Montaigne hatte »Hekuba und Andromache« geschrieben], nicht der Darstellung einer Tragödie beizuwohnen wagte, während er die Schreie so vieler Bürger, die man täglich auf sein Geheiß ermordete, ohne Bewegung mitanhörte.«[3]

Die Frage ist also sehr einfach: was rechtfertigt hier diesen Zusatz oder diese nachträgliche »Einfügung«?

Und die Antwort ist es in der Folge nicht weniger: die ganz und gar *aristotelische* Überdeterminierung der Problematik des ursprünglichen Mitleids. Ebenso übrigens wie derjenigen der Furcht, auch wenn sie weniger evident ist.

---

2. Rousseau, *Schriften z. Kult.*, a.a.O., S. 173.
3. Vgl. ebd. Anm. 63, S. 332 (Quellenangabe hier: Montaigne, II, 27). Entsprechende Stelle im *Brief an d'Alembert*: Rousseau, *Schriften*, 1, S. 357 (Übersetzung von D. Feldhausen. Auch im franz. Original unterscheidet sich die Stelle im Wortlaut. Vgl. Rousseau, *Œuvres*, V, S. 23; A.d.Ü.).

Gehen wir erneut vom *Brief* aus.

In welchem Kontext genau hatte Rousseau an jene beiden Anekdoten oder jene beiden »Beispiele« erinnert? Man weiß es sehr gut: in dem der aristotelischen Diskussion, die praktisch von verschiedenen Blickwinkeln aus den ganzen Gegenstand des Textes ausmacht. Genauer gesagt, handelte es sich dabei um eine (heftige) Infragestellung der zu berühmten oder zu rätselhaften *katharsis*: der heilsamen Wirkung, sagte man ehedem, oder der therapeutischen oder »moralischen« Funktion der theatralischen Darstellung der »Leidenschaften«. Wie jeder beliebige sich jedenfalls in der »klassischen« Zeit über das Theater Fragen stellt, hatte es Rousseau also unternommen, die *Poetik* zu lesen und natürlich ihr VI. Kapitel, das unglücklicherweise, dem Brauch entsprechend, von der Einleitung zum IV. Kapitel abgetrennt wurde, d.h. von der wichtigen Aussage in bezug auf die *mimetische Wirkung*, ohne die die Lehre von der *katharsis* unverständlich bleibt.

In der üblichen Kommentierung zum *Brief* wird vertreten, daß im Aufbau des Textes die Diskussion zu Aristoteles keinen zentralen Platz einnimmt, sondern Gelegenheitscharakter hat, nebensächlich, mühsam *verpflichtet* ist: man mußte damals zeigen, daß man die Autorität genau kannte, die in der Sache die alleinige war. Im übrigen zitiert Rousseau Aristoteles nur aus zweiter Hand (in Latein...). In Wirklichkeit bezieht er sich auf die Poetologen seiner Zeit und des vorausgehenden Jahrhunderts (z.B. Crébillon oder Du Bos; aber er hat offensichtlich die Vorworte und die Versuche von Corneille, Racine, Voltaire und einigen anderen gelesen), die Verachtung, die er, an Stelle des Wohlwollens bei Aristoteles, gegenüber der Tragödie zeigt, entspricht dem – offen platonischen – Haß (oder der Furcht), den er gegenüber der *Tatsache* des Theaters empfindet: Tragödie und Komödie zusammen (*Der Menschenfeind*..., sein Ebenbild, sein Bruder). Ohne Zweifel. Aber diese »Charakterisierung« ist ein wenig spärlich. Im *Brief* liegen die Dinge ganz anders, und es ist wohl vonnöten, ein wenig genauer hinzuschauen.

Aristoteles kommt hier nicht zufällig ins Spiel und noch weniger »als bloße Erinnerung«. Von Anfang an – oder nahezu von Beginn an – ist er präsent. Man muß Rousseau aufs Wort glauben. Wie in der Tat immer. Seine Kritik am Theater ist in nichts den Kirchenvätern verpflichtet,[4] auch wenn ihnen der etwas leichtfertig zugeteilte Ruhm zukommt, die platonische Argumentation – nicht mehr und nicht weniger – wieder zu Ehren gebracht zu haben. Trotz ernstzunehmendem Anschein hat sie auch nichts zu tun mit der calvinistischen Verabscheuung der »Komödie«, der »Vergnügungen« und des Schauspiels. Die ausgedehnte, einleitende Verteidigung des Genfer Pastorats gegen die Anschuldigung »sozianischer« Häresie,[5] die keine einfache *captatio benevolentiae* zum Gebrauch seiner Mitbürger ist, und die von d'Alembert bereitwillig wiederholt und hinterlistig ausgeweitet wurde, belegt im übrigen auch, daß Rousseau in dogmatischer Hinsicht weiß, was er sagt. – Nein, wenn Rousseau das Theater verurteilt und damit die mögliche offizielle Einrichtung in Genf – in der »Republik Genf« – abweist, so geschieht dies aus zutiefst philosophischen und folglich politischen Gründen. Deshalb ist seine *Inspiration* eine streng plato-

---

4. Noch den Pastoren von Genf. Die einzige Referenz auf die *Christliche Instruktion*, die in einer *in extremis* hinzugefügten Anmerkung erfolgt, dient nur dazu, anzuzeigen, daß wenn es einerseits »tadelnswerte Schauspiele« gibt, so kann man sich auch welche denken, »wo man sogar angenehme und für alle Bedingungen nützliche Lektionen erteilen könnte«. Das ist kaum kompromittierend...wenigstens sofern das Wesentliche zugestanden wird, d.h., daß die »Schauspiele für das *Volk* gemacht« sind (Hervorhebung von mir). Rousseau, *Schriften*, 1, 349 [Rousseau, *Œuvres*, V, S. 16f. Vgl. ebd. n. 3, S. 1314: Der Bezug ist das Werk von Jacob Vernet, *Instruction chrétienne*, Genf, 1741, das als eine Art Katechismus konzipiert worden war. A.d.Ü.].
5. Rousseau leugnet keinen Augenblick den sogenannten »Sozianismus«, d.h. die Ablehnung, Dogmen anzuhängen oder anzuerkennen, die er als völlig irrational beurteilt – was ihn im übrigen kaum von d'Alembert trennt –, im wesentlichen sind das die katholischen Dogmen (Trinität, Göttlichkeit von Jesus usw.). Von da bis zur Behandlung der Reformierten Kirche als einer Sekte und Begriffe wie »Häresie« zu gebrauchen, gibt es dennoch einen Schritt, über den hinauszugehen er als skandalös beurteilt. [Vgl. Rousseau, *Schriften*, 1, S. 635, Anm. 341-342; A.d.Ü.].

nische. Und man weiß im übrigen, daß Rousseau anfangs daran dachte, seiner Replik seine »Übersetzung« (Adaption oder Paraphrase) der »verschiedenen Stellen« hinzuzufügen, »wo Platon über die theatralische Nachahmung spricht«, die übrigens beinahe ausschließlich aus dem Buch X des *Staates* zusammengestellt ist.[6]

Dieses »Stück« hat er also gerade nicht hinzugefügt. Und dies, wie er bei seiner gesonderten Veröffentlichung im Jahre 1764 halbwegs bekennt, aus Gründen, die keineswegs unwesentlich sind.[7] Es ist so, daß in Wirklichkeit diese abschließenden Thesen aus dem *Staat* – hier und da mit einigen Anleihen aus dem *Gorgias* oder aus den *Gesetzen* – kaum das Theater als solches berühren, es sei denn *mit einer Ausnahme*, auf die ich sogleich zurückkommen werde. Der beste Beweis dafür ist praktisch das Fehlen jeder Referenz auf die Bücher II und III des *Staates*. Wie man weiß, wird dort ausführlich und unwiderruflich die ganze platonische Kritik der Tragödie entfaltet, die namentlich auf den Ausschluß der ihr eigenen Darstellungs- oder Äußerungsart gegründet ist, d.h. auf die Verurteilung – die im übrigen auch auf

---

6. Vgl. Rousseau, *De l'imitation théâtrale* in: Rousseau, *Œuvres*, V, S. 1195 f. (éd. A. Wyss).

7. Ebd. Die *Vorbemerkung* verdient es, hier ganz zitiert zu werden: »Diese kleine Schrift ist nur eine Art Auszug zu verschiedenen Stellen, an denen Platon von der theatralischen Nachahmung handelt. Ich habe daran kaum einen anderen Anteil, als sie gesammelt und in Form einer zusammenhängenden Abhandlung verbunden zu haben, statt der Dialogform, die sie im Original haben. Der Anlaß für diese Arbeit war der *Brief an M. d'Alembert über das Schauspiel*. Aber, da ich den Text nicht leicht einfügen konnte, habe ich ihn beiseite gelegt, um ihn entweder anderweitig zu verwenden, oder überhaupt zu tilgen. Seit damals diese Schrift aus meinen Händen hervorgegangen war, gelangte sie, ich weiß nicht wie, in einen Handel, mit dem ich nichts zu tun habe. Das Manuskript kam auf mich zurück: aber der Buchhändler verlangte es zurück als guten Glaubens von ihm erworben, und ich will den, der es ihm abgetreten hatte, nicht vertragsbrüchig machen. So kommt also die Bagatelle heute in Druck.« Man kann unter anderem die Unbekümmertheit bemerken, mit der Rousseau die platonische *Lexis* selbst behandelt. Die Verdammung der mimetischen Art scheint hier wenigstens mimetisch kaum seine Aufmerksamkeit gefunden zu haben.

das Epos (Homer) ausgedehnt wird – der »mimetischen« *Lexis*, oder, wenn man will, der dialogischen Art, bei der der Autor nicht in seinem eigenen Namen spricht, sondern »Personen« sprechen läßt. *Über die theatralische Nachahmung* ist eine Abhandlung über die Nachahmung im allgemeinen, die ausgeht von der Unterscheidung zwischen dem »Gebrauch«, der »Fabrik« und der »Nachahmung« und sich auf die bevorzugten Paradigmen des »Machens« gründet (des *poiein*), im vorliegenden Fall der Architektur (das Beispiel der drei Tempel ersetzt das der drei Betten im *Staat*) und der Malerei. Gewiß, die Dichtung ist der Hauptfeind. Aber wie bei Platon ist zu einem großen Teil zunächst Homer anvisiert, die »Leitfigur der tragischen Dichter«, der beansprucht, von allem zu reden, ohne wahrhaft etwas zu wissen und der nur illusorisch der »Lehrer Griechenlands« ist, während er in Wirklichkeit sogar, im Unterschied zu einem Lykurg, einem Charondas, einem Minos oder einem Solon, niemals etwas gegründet, noch eingerichtet hat. Er war auf keinen Fall ein Gesetzgeber. Im übrigen ist, ebenso wie bei Platon, die einzige Kunst, die zugelassen wird, die Staatsdichtung – die man schließlich als die »theologisch-politische Gattung« bezeichnen könnte: »Aber denkt immer daran, daß die Hymnen zu Ehren der Götter und die Lobpreisungen der Großen die einzige Art von Dichtung sind, die in der Republik zuzulassen ist und daß, wenn man einmal jene nachahmende Muse duldet, die uns entzückt und uns durch die Zärtlichkeit ihrer Töne täuscht, die Handlungen der Menschen alsbald weder das Gesetz zum Gegenstand haben, noch die guten und schönen Dinge, sondern den Schmerz und die Wollust. Anstelle der Vernunft werden die erregten Leidenschaften die Herrschaft führen. Die Bürger werden keine tugendhaften und gerechten Menschen mehr sein, die immer der Pflicht und der Gleichheit ergeben sind, sondern empfindliche und schwache Menschen, die das Gute und das Böse ohne Unterschied tun, je nachdem, wie sie durch ihre Neigung bestimmt werden.«[8]

Das heißt nicht, daß hier keineswegs vom Theater oder von der Tragödie im besonderen die Rede wäre. Aber das Theater wird hier allein unter jenem Gesichtspunkt gesehen, den Platon den *Logos* (den »Inhalt« oder das Geäußerte) nannte, in Entgegensetzung zur *Lexis*, d.h. als etwas, das trügerische »Mythen« oder lügnerische Fabeln zurückbringt und durch ihre mimetische Ansteckungskraft (die ihrerseits unanalysiert bleibt) zu Verhaltensweisen führt, die ethisch und politisch unzulässig sind: gefährlich, häßlich, selbstgefällig, unwürdig, absonderlich, wollüstig, usw., die aus dem »schwachsinnigsten Teil der Seele« stammen. Anders gesagt, wird das *Pathos* in Frage gestellt. Oder, wenn man lieber will, das Theater ist vom Grunde her pathologisch und in der Konsequenz pathogen. So erklärt sich die doppelte Schlußfolgerung, die vielleicht nicht durchgehend platonisch ist:

...vergessen sie nie, daß wir, wenn wir aus unserem Staat die Dramen und Theaterstücke verbannen, keiner barbarischen Halsstarrigkeit folgen und die Schönheiten der Kunst nicht verachten; vielmehr ziehen wir ihnen die unsterblichen Schönheiten vor, die aus der Harmonie der Seele und dem Einklang ihrer Vermögen hervorgehen.[9]
Gehen wir noch weiter. Um uns vor jeder Parteilichkeit zu hüten und nichts hinzuzufügen zu diesem alten Zwist, der unter den Philosophen und den Dichtern herrscht, nehmen wir der Dichtung und der Nachahmung nichts weg von dem, was sie zu ihrer Verteidigung vorbringen können, noch uns etwas von den unschuldigen Vergnügungen, die sie uns verschaffen können [...] indem wir hin und wieder unsere Ohren der Dichtung leihen, bewahren wir unsere Herzen davor, durch sie getäuscht zu werden, und wir leiden nicht darunter, daß sie die Ordnung und die Freiheit durcheinander bringt, weder in der inneren

---

8. Rousseau, *Œuvres*, V, S. 1210.
9. Ebd.: Der Einklang meint hier natürlich den zwischen Vernunft und Empfindung.

Republik der Seele, noch in der Republik der menschlichen Gesellschaft.[10]

Es bleibt indes die Ausnahme, auf die ich oben angespielt habe: es ist die einzige Stelle, an der sich Rousseau offen durch eine Passage aus dem III. Buch des *Staates* inspirieren läßt. Es ist kein Zufall, daß es am Ende um das *Mitleid* geht.

Rousseau geht von jener Feststellung aus – wie soeben zu sehen war, stammt sie aus dem Buch X – daß »die rührenden und vielfältigen Nachahmungen, die man auf der Bühne sieht, aus dem empfindsamen und schwachen Teil [der Seele] gezogen sind.« Er hat an »die Trauer, die Tränen, die Verzweiflung, die Seufzer« erinnert. Und er fügt hinzu: »Der entschlossene, kluge Mensch, der immer sich selbst gleich ist, ist nicht so leicht nachzuahmen; und wenn er es wäre, so wäre die weniger vielfältige Nachahmung für den Vulgären nicht so angenehm.«[11] (Man weiß, das Argument ist im *Brief* eines von jenen, die gegen den *Menschenfeind* vorgebracht werden.) Dann schließt er fast nahtlos mit der nachfolgenden Deklaration an – ich erlaube mir aus bereits bekannten oder später noch vorgebrachten Gründen zwei der Begriffe zu unterstreichen, die sie herausstellt. An dieser Stelle beginnt das Quasi-zitat aus dem III. Buch:

... nie identifiziert sich die menschliche Seele mit den Dingen, bei denen sie das Gefühl hat, daß sie ihr absolut fremd sind. Auch der geschickte Dichter, der Dichter, der die Kunst des Gelingens kennt und versucht, dem Volk und den gewöhnlichen Menschen zu gefallen, hütet sich sehr wohl davor, ihnen das erhabene Bild einer Seele anzubieten, die Meister ihrer selbst ist und die nur die Stimme der Weisheit hört. Vielmehr entzückt er die Zuschauer durch Charaktere, die sich immer im Widerspruch befinden, die wollen und nicht wollen, die das Theater

---

10. Ebd., S. 1210f.
11. Ebd., S. 1207.

ertönen lassen durch Schreie und durch Seufzer, die uns zwingen, sie zu beklagen, selbst wenn sie ihre Pflicht ausüben, und zu denken, daß die Tugend eine traurige Sache ist, denn sie macht ihre Freunde so elend.[12]

Darauf folgt eine lange Darlegung, die das Buch III mit dem Buch X in Verbindung bringt und völlig logisch beim »Konflikt der Vermögen« anlangt und bei den »Zwiespältigkeiten [...] im Staat der Seele«. Sie sind, kurz gesagt, denen im Staat vergleichbar, d.h. aufgrund des »Umsturzes« selbst in gleicher Weise schädlich, dort des Umsturzes der »gesunden Einstellungen«, hier der Beziehung zwischen »Guten und Schlechten« oder »wahren Anführern und Rebellen«. Es ist also nichts Erstaunliches, daß wesentlich das (falsche) Mitleid – das erkünstelte Mitleid, das durch die Nachahmung hervorgerufen wird – am Ende beschuldigt wird, und zwar mit Ausdrücken, die mit wenigen Abstrichen dieselben sind, wie diejenigen, die man im *Brief* findet:

Sind es nicht sehr nützliche Schauspiele, die uns Beispiele bewundern lassen, bei denen wir erröten würden, wenn wir sie nachzuahmen hätten und wo man uns an Schwächen Anteil nehmen läßt, in bezug auf die wir so viel Mühe haben, uns in unserer eigenen Drangsal vor ihnen zu bewahren? So gewöhnt sich das edelste Vermögen der Seele daran, sich dem Gesetz der Leidenschaften zu beugen, indem es den Gebrauch und die Herrschaft seiner selbst verliert; es unterdrückt unsere Tränen und unsere Schreie nicht mehr; es liefert uns für Dinge, die uns fremd sind, unserer Verweichlichung [attendrissement] *aus; und, weit davon entfernt, sich darüber zu entrüsten, daß ein tugendhafter Mensch sich exzessiven Schmerzzuständen hingibt und weit davon entfernt, uns daran zu hindern, ihm in seiner Erniedrigung Beifall zu klatschen, läßt es uns unter dem Vorwand des* Mitleidens [commisération] *in chimärischen Nöten,*

---

12. Rousseau, Œuvres, V, S. 1207.

uns selbst Beifall geben für das Mitleid, das er in uns erweckt; es ist ein Vergnügen, das wir glauben, ohne Schwäche errungen zu haben und das wir ohne Gewissensbisse kosten.[13]

Rousseau wendet sich also, wenigstens in diesem Kontext, gegen die *katharsis*, d.h. im »platonischen« Kontext gegen die *katharsis* des Mitleids. In der Konsequenz ist hauptsächlich Aristoteles anvisiert. Und das ist vielleicht der Grund dafür, daß der *Brief*, der im Grunde, wenn auch indirekt mittels des Relais der klassischen französischen Poetologen, an ihn gerichtet ist, es nicht nötig hatte, die platonische Argumentation als Ganzes zu wiederholen. Es genügte Rousseau, sich implizit auf das zu stützen, was bei Platon die Verurteilung des Theaters rechtfertigt und unterstützt, um gleichzeitig unmittelbar die *Poetik* anzugreifen oder ihre Relais, die mindestens seit zwei Jahrhunderten in Sachen »Ästhetik« als das antiplatonische Manifest schlechthin galten. Unter diesen Bedingungen ist es keineswegs abwegig, davon auszugehen, daß Aristoteles im *Brief* von Anfang an gegenwärtig ist und daß d'Alembert, der sich unglücklicherweise mit Genf befaßte, nur der Namensgeber war.

Drei unbezweifelbare Tatsachen bestätigen ihn.

Kaum ist die Diskussion über das Theater eröffnet, beginnt Rousseau, bewandert, wie er in dieser Art kritischer Übung ist, die vielfachen Fragen anzuhäufen oder aufzuzählen, welche in seinen Augen der Artikel d'Alemberts aufwirft, d.h. im großen und ganzen die Fragen, die d'Alembert selbst sich nicht gestellt hat oder die zu formulieren er unfähig war. Da ist eine erste Tatsache, daß in ihnen alles auf das einzige »Problem« der »tatsächlichen Wirkungen des Theaters« hinausläuft. Nachdem er sich darüber entrüstet hat, daß d'Alembert eines Tages als »der erste Philosoph« erscheinen könnte, »...der jemals ein freies Volk, eine kleine Stadt und einen armen Staat bewogen hat, sich mit einer

---

13. Ebd., S. 1209 (Hervorhebungen von mir).

öffentlichen Schaubühne zu belasten«[14] (und das ist bekanntlich eines der wichtigen politischen Argumente des *Briefes*), greift Rousseau schonungslos an:

> *Wie viele Fragen finde ich in derjenigen zu erörtern, welche Sie zu beantworten scheinen! Ob nämlich das Schauspiel gut oder schlecht an sich ist, ob es mit den guten Sitten sich vereinbaren läßt, ob es mit republikanischer Strenge sich verträgt, ob man es in einer kleinen Stadt leiden soll, ob der Beruf des Schauspielers ehrlich sein kann, ob die Schauspielerinnen so tugendhaft wie andere ihres Geschlechts sein können, ob gute Gesetze genügen, um Mißständen Einhalt zu tun, ob diese Gesetze füglich beachtet werden können usw. Völlig offen ist noch, welche Wirkungen das Theater denn nun wirklich hat, weil man in den Streitigkeiten, die es veranlaßt, nur zwischen Kirchen- und Weltleuten unterscheidet und ein jeder es nur nach seinen Vorurteilen ansieht. Diese Untersuchungen, mein Herr, wären gewiß ihrer Feder nicht unwürdig.*[15]

Wir befinden uns folglich von Anfang an im Zentrum des Konflikts zwischen Aristoteles und Platon, der dringlich mit neuem Einsatz den eigentlichen Philosophen unterbreitet werden muß und nicht den subalternen Streitereien zwischen der Kirche und der Welt überlassen werden darf. Die »tatsächlichen Wirkungen des Theaters«, das ist die Frage, mit der sich der *Brief* beschäftigt. Und man kann kaum darüber erstaunt sein, daß die *Poetik* und ihre Lehre ihr unterworfen werden, wobei sie in bezug auf die *Wahrheit* des Theaters nur flüchtig in Betracht gezogen worden sein dürfte.

Die zweite Tatsache: Der Widerhall ist ein unmittelbarer: Nachdem er daran erinnert hat, daß, weil »das Schauspiel für das Volk gemacht« wird, es »unzählige Arten von Schauspielen« gibt (ent-

---

14. Rousseau, *Schriften*, 1, a.a.O., S. 347.
15. Ebd.

sprechend der »Vielfalt der Sitten, der Temperamente und Charaktere« oder »nach dem verschiedenen Geschmack der Nationen«:[16] eine historistische These ohne Überraschung), daß allein »das Vergnügen« für sie bestimmend ist und nicht »der Nutzen« und daß »die Bühne allgemein [...] ein Gemälde der menschlichen Leidenschaften« ist, »dessen Urbild sich in allen Herzen findet.« Rousseau hämmert ein, daß allein die Vernunft fähig ist, die Leidenschaften zu korrigieren, daß aber auf der Bühne gerade »die Vernunft zu nichts zu gebrauchen« sei. »Ein Mensch ohne Leidenschaften oder ein Mensch, der beständig Herr darüber wäre, würde niemanden für sich einnehmen können, und man hat schon gesagt, daß ein Stoiker in der Tragödie eine unerträgliche Figur wäre; in der Komödie würde er außerdem noch zum Lachen bringen.«[17] Und einige Seiten weiter – hier wird allerdings die *katharsis* ausdrücklich in Frage gestellt (ich werde darauf zurückkommen): »Weiß man denn nicht, daß alle Leidenschaften untereinander verschwistert sind, daß eine einzige genügt, um tausend andere zu erregen, und daß eine mit der anderen bekämpfen zu wollen, nur ein Mittel ist, das Herz für alle empfänglicher zu machen? Das einzige Mittel, die Leidenschaften zu läutern, ist die Vernunft, und ich habe schon gesagt, daß die Vernunft auf dem Theater gar keine Wirkung hat.«[18]

Schließlich bleibt alles, was sich von den eindeutig platonisch politisch-philosophischen (also ethischen) Präferenzen herleitet, von denen man weiß, daß sie sogar im Gegensatz stehen zur Konzeption, die sich Aristoteles vom *bios politikos* bildet: die Ökonomie oder die drastische Regie der Arbeitszeit und der Quasi-Ausschluß von Vergnügungen und des Zeitvertreibs;[19] die

---

16. Ebd., S. 350.
17. Ebd., S. 350f.
18. Ebd., S. 353.
19. Ebd., S. 348: »Beim ersten Blick, den ich auf diese Einrichtungen werfe, sehe ich, daß das Schauspiel ein Zeitvertreib ist, und wenn es wahr ist, daß der Mensch Zeitvertreib braucht, werden Sie wenigstens zugeben, daß er nur so

Wertschätzung des Eigenen und der Selbstheit, die zur berühmten Verurteilung des (falschen) Berufs des Schauspielers[20] führt – sie, ihrerseits, eine Wiederaufnahme aus dem *Staat* III; und am Horizont, am Ort und am Platz der Staatsdichtung, das (namentlich durch die reaktionären oder »liberalen« Historiker der Französischen Revolution) so verschrieene und mißverstandene »Bürgerfest«, das wahrscheinlich der erste Versuch ist, um zu sprengen oder aufzubrechen, was Jacques Derrida vor kurzem den »Zaun der Repräsentation« *[la clôture de la représentation]*

---

weit als notwendig erlaubt ist und daß aller unnütze Zeitvertreib ein Übel für ein Wesen bedeutet, dessen Leben so kurz und dessen Zeit so kostbar ist. Das Menschsein kennt Freuden, die aus seiner Natur, seinen Arbeiten, seinen Beziehungen und Bedürfnissen entspringen, und diese Freuden, die um so süßer sind, je gesünder die Seele dessen ist, der sie genießt, machen den, der sie zu genießen weiß, für alle anderen wenig empfänglich. Ein Vater, ein Sohn, ein Ehemann, ein Bürger haben so kostbare Pflichten zu erfüllen, daß für Langeweile keine Zeit übrigbleibt. Gute Anwendung macht uns die Zeit noch kostbarer, und je besser man Gewinn aus ihr zieht, desto weniger Zeit will man verlieren. Man sieht auch ständig, daß die Gewohnheit zu arbeiten den Müßiggang unerträglich macht und daß ein gutes Gewissen die Lust an leichtsinnigen Freuden ganz auslöscht. Das aber, was einen fremden Zeitvertreib so notwendig macht, ist die Unzufriedenheit mit sich selbst, die Last des Müßiggangs, das Vergessen der einfachen und natürlichen Freuden. Ich sehe gar nicht gern, daß man pausenlos sein Herz an die Bühne hängen muß, gerade als ob ihm in unserem Inneren nicht wohl wäre.« Man sieht leicht, daß diese wenigen Zeilen »das Bürgerfest«, das Rousseau *in fine* empfiehlt – ich komme darauf zurück – bereits vorprogrammieren.

20. Ebd., S. 410 und vor allem S. 414-416. Das sind die Seiten, die Diderot im *Paradox* »aufgreifen« wird. Durch das Gegenbeispiel des Redners wird an dieser Stelle klar, daß Rousseau die Lektion Platons von der *haplè diègèsis* [bei Platon, *Staat*, III, 392d 5, Entgegensetzung von: einfacher und nachahmender Darstellung; A.d.Ü.] oder die analogen formalen aber »neutralen« Unterscheidungen des Aristoteles (*Poetik* 3) festgehalten hat: »Der Redner, der Prediger, so könnte man einwenden, setzen ihre Person ebenso ein wie der Schauspieler. Der Unterschied ist sehr groß. Wenn der Redner auftritt, dann, um zu reden, und nicht, um sich zur Schau zu stellen; er stellt nur sich selber dar, er spielt nur seine eigene Rolle, er spricht nur im eigenen Namen und sagt nichts oder sollte nichts sagen, was er nicht auch denkt. Weil Mensch und Rolle dasselbe Wesen sind, ist er an seinem Platz, er ist in derselben Lage wie jeder andere Bürger, der die Pflichten seines Standes erfüllt.«

genannt hat: nämlich die schauspielgemäße Aufteilung selbst, die Trennung zwischen »Saal« und »Bühne«, zwischen Anschauendem und Angeschautem; oder [der erste Versuch] um die Utopie eines reinen Schauspiels anzustreben, eines Schauspiels ohne »Schauspiel« und reduziert allein auf die Selbst-Darstellung des Volkes in der Freude der Liebe und der Brüderlichkeit: die Kommunion selbst (wie zu erwarten) in »spartanischer« Form, oder die glückliche Realisierung der Gemeinschaft als lebendiges Kunstwerk.[21]

Um zu diesem Ergebnis zu gelangen, müssen mindestens zwei Bedingungen gegeben sein, die im übrigen unentwirrbar miteinander verknüpft sind, die aber Rousseau – weil er im Grunde die *Poetik* nicht wirklich gelesen hat – auf übertriebene Weise eine von der anderen abkoppelt. Ich will damit ganz einfach sagen, daß die Kritik der *katharsis*, die letztlich den ganzen Inhalt des *Briefes* ausmacht, in der Begrifflichkeit, in der sie Rousseau durchführt, nur möglich ist, wenn man die Funktion, die Aristoteles der *mimesis* zuweist, verkennt.

Die *katharsis* kritisieren, indem man sich auf die platonische Konzeption der *mimesis* stützt, bietet nicht die geringste Schwierigkeit: nichts ist *leichter*, in jeder Bedeutung des Ausdrucks. Es genügt, die *mimesis* in der Koppel der »Leidenschaften« oder dem sorgsam abgegrenzten (und abgetrennten) Feld der »Empfindung« *[sensibilité]* einzuschließen und ihr jede Intelligenz oder jede »theoretische« Funktion abzusprechen. Die wohlbekannte Geringschätzung (bloße »Nachahmung« oder Reproduk-

---

21. Rousseau, *Schriften*, 1, a.a.O., S. 462f. Die implizite Referenz auf Jean-Luc Nancy ist hier keineswegs zufällig. Andererseits gibt es bei Rousseau, wenn auch nicht, was ich anderswo einen »National-Ästhetizismus« genannt habe (die politische Idee der Nation taucht kaum auf), so doch wenigstens eine Art Kantonal-Ästhetizismus oder, um ernsthafter zu sein, die Ankündigung dessen, was Hegel als das »subjektiv-objektive« Moment der griechischen Kunst denken wird: die Stadt selbst. Rousseau gehört nicht umsonst in die lange Geschichte der poietischen Konzeption des Politischen, die Hannah Arendt und nach ihr Jacques Taminiaux herausgestellt haben.

tion, Kopie oder Kopie der Kopie, Trugbild oder Täuschung, »Abäfferei«, wie die Überlieferung auch sagt) ist nur eine Folge davon. Aristoteles aber spricht ganz und gar nicht in solchen Worten: die *mimesis* gibt zu denken. Wenn sie nicht den *Gedanken* selbst liefert, oder das *Denken*, so doch wenigstens das, was diese möglich macht. Sie liefert die Bedingung für das Erkennen *(mathein)* und das Sehen *(theôrein)*, d.h. für die Erkenntnis des Selben oder des Ähnlichen (das Einzelding selbst, *the same*). Ihre Funktion ist – genau so wie die der Metapher oder des Vergleichs – eine *mathematische* und *theoretische*. Und da liegt im übrigen der Grund für die Freude *(charis)* oder den »Genuß« *[jouissance]*, wie Rousseau sagt, den sie auslöst, und für das Vergnügen *(hèdonè)*, das sie begleitet, etwas Eingeborenes, Natürliches (Naives oder Angeborenes): etwas spezifisch Menschliches.

Muß man noch einmal zitieren?

Allgemein scheinen zwei Ursachen die Dichtung hervorgebracht zu haben, beide in der Natur begründet. Denn erstens ist das Nachahmen [mimeisthai] den Menschen von Kindheit an angeboren; darin unterscheidet sich der Mensch von den anderen Lebewesen, daß er am meisten zur Nachahmung befähigt ist und das Lernen [tas mathèseis] sich bei ihm am Anfang durch Nachahmung vollzieht; und außerdem freuen sich [to chairein] alle Menschen an den Nachahmungen. [...] Ursache davon ist eben dies, daß das Lernen nicht nur für die Philosophen das erfreulichste ist [manthanein ... hèdiston], sondern eben auch für die anderen Menschen [...]; darum also haben sie Freude am Anblick von Bildern, weil sie beim Anschauen [theôrein] etwas lernen [manthanein] und herausfinden [syllogizesthai], was ein jedes [ti hekaston] sei, etwa, daß dies jenen Bekannten darstellt.[22]

---

22. Aristoteles, *Poetik* 1448 b; hier zitiert in der Übersetzung von O. Gigon, Stuttgart, 1961, S. 29 [im franz. Original zitiert nach der Ausgabe und Übersetzung von R. Dupont-Roc u. J. Lallot, Paris, 1980; A.d.Ü.].

Wie jeder weiß, ist diese Analyse *auch* gekennzeichnet durch einen gewissen »Empirismus«: den Beweis oder das Zeichen *(semeion)* für diese Freude oder dieses Vergnügen, das wir bei den Repräsentationen empfinden, sagt Aristoteles, finden wir in der »praktischen Erfahrung«, im Gemachten *(epi tôn ergôn) [dans les faits]*. Und das sogenannte Gemachte sind die Bilder oder die Ikonen. Aristoteles denkt hier *zuerst* an die Malerei: »Was wir nämlich in der Wirklichkeit nur mit Unbehagen anschauen, das betrachten wir mit Vergnügen, wenn wir möglichst getreue Abbildungen vor uns haben, wie etwa die Gestalten von abstoßenden Tieren oder von Leichnamen.«[23] Entsprechend fügt er hinzu, nachdem er an das Vergnügen des Wiedererkennens (»der da, das ist er«) erinnert hat: »Wenn man das Modell nicht vorher gesehen hat, so macht zwar nicht die Nachahmung Vergnügen, aber dafür die Kunstfertigkeit, die Farbe oder irgendeine andere derartige Ursache.«[24] Aber diese »empirischen« Beispiele – zumindest das erste – haben kein anderes Ziel, als im Vorhinein die sehr seltsame »Alchimie« der *katharsis* anzuzeigen: die Verwandlung des Schmerzes *(lypè)* in Vergnügen; oder, um es brutaler (und antizipativ) zu sagen, des *Negativen* in *Positives*. Alles in allem übrigens sind diese Beispiele für die »transzendentale Mimetologie« gewissermaßen, was das »Stadium des Spiegels« für eine gewisse Onto-psychologie ist: die experimentelle Verifikation, oder – wenn man lieber will – direkt die Existenz eines unwiderlegbaren *a priori*, einer Bedingung der Erfahrung als solcher. In diesem Sinn ist das »Sichfreuen« am *Mimem* wohl ein *Zeichen*.

Nebenbei bemerkt, egal ob Empirismus oder nicht: Rousseau hat diesen Text jedenfalls nicht *gelesen*, konnte ihn zweifellos gar nicht lesen. Geht man von der antiken Überlieferung aus, vor allem der römischen (beispielsweise mit der horazschen »Moralisierung« der poetischen Funktion), oder von der »modernen«

---

23. Ebd.
24. Ebd.

Überlieferung, die auf der lateinischen Übersetzung des Kommentars von Averroes basiert, oder von der direkten Übersetzung des Textes der *Poetik* ins Lateinische durch von Moerbecke im 13. Jahrhundert, wirklich operativ aber erst ab der italienischen Renaissance,[25] so sieht man jedenfalls kaum, was ihn da hätte auf die Spur setzen und ihm etwas anderes hätte zu denken (oder zu wiederholen) geben können, als daß die Kunst die Natur nachahmt, als daß die Nachahmung ins Imaginäre (*imago*, genauer »*ut pictura poesis*«) gehört – die Natur, das sind (in der »Literatur« und im Theater) die »Charaktere« und die menschlichen Leidenschaften. Gewiß war es nicht der französische Klassizismus, der sich in der Sache gegenüber dem *Cinquecento* kaum emanzipiert hat. Um die Ausdrucksweise Alain Badiou zu entleihen: Nirgendwo in der Überlieferung ist das *Mimem* fähig, zum *Mathèm* zu werden, es sei denn als moralische Lektion; und es steht in Frage, ob es in Wirklichkeit nicht jedes Gedicht kraftlos macht.

Wir kennen das Resultat: »Die Bühne allgemein ist ein Gemälde der menschlichen Leidenschaften, dessen Urbild in allen Herzen ist.«[26]

Wie könnte unter dieser zweiten Bedingung die *katharsis* verständlich werden?

Rousseau gesteht als erstes (das ist seine grundlegende Ehrlichkeit), daß er es nicht weiß: »Ich weiß,« sagt er, »daß die Poetik des Theaters [...] behauptet, die Leidenschaften zu reinigen, indem sie sie erweckt, aber ich gestehe es, ich kann diese Regel nicht recht begreifen. Sollte man erst rasend und närrisch werden müssen, wenn man klug und vernünftig werden will?«[27] Er

---

25. Man kann in bezug darauf die sehr nützliche Geschichte der Rezeption der *Poetik* zu Rate ziehen, die Michel Magnien im zweiten Teil der Einleitung zu seiner kommentierten Übersetzung des Textes rekapituliert (Paris, LGF, coll. »Le livre de poche classique«, 1990).
26. Rousseau, *Schriften*, 1, a.a.O., S. 350.
27. Ebd., S. 352. Wie Jean Rousset in seiner Ausgabe des Textes bemerkt, ist Rousseau nicht der erste, der in bezug auf diese »Regel« Zweifel anmeldet: »Corneille, Fontenelle hatten Ähnliches gesagt.« Und er erinnert ebenso an Vol-

begreift die besagte Regel umso weniger, als er, in Übereinstimmung mit den »Klassikern« in bezug auf den Text von Aristoteles, wenigstens vier Irrtümer begeht. Der sehr berühmte Satz des Aristoteles sagt folgendes:

> Die Tragödie ist die Nachahmung einer edlen und abgeschlossenen Handlung von einer bestimmten Größe in gewählter Rede, derart, daß jede Form solcher Rede in gesonderten Teilen erscheint und daß gehandelt und nicht berichtet wird und daß mit Hilfe von Mitleid und Furcht eine Reinigung von eben derartigen Affekten bewerkstelligt wird.[28]

Die vier Irrtümer – es sind immer dieselben – sind wohl bekannt:

1. Die Tragödie, wenn nicht »die Szene allgemein« ist die Wiedergabe einer *Handlung*, nicht der »Leidenschaften«; sie ist sogar, buchstäblicher genommen, Wiedergabe von Handeln *(mimèsis praxeôs)*: daher bei Aristoteles die relative Unterordnung des »Charakters« der Handelnden, der Personen, die auf der Bühne agieren *(prattontes)* gegenüber dem *Drama* im eigentlichen Sinn oder dem *mythos* »in actu« (der Geschichte oder der »Fabel«, wie Brecht sagt, sofern sie *in Szene gesetzt*, «aufgeführt« wird).

2. Die »Leidenschaften«, wenn es denn überhaupt um Leidenschaften geht, sind nicht *die* Leidenschaften im allgemeinen, höchstens »die Furcht und das Mitleid« (oder Affekte derselben Art). Annahme ist dabei wenigstens, daß das *di' eleou kai phobou* ein *dia mimeseôs eleou kai phobou* voraussetzt, was keineswegs gesichert ist, d.h., daß man »Furcht und Schrecken« *auf der Bühne darstellt*; da ist die Frage, daß man weiß, was genau das

---

taire in seinem *Commentaire sur Corneille,* wo man beinahe glauben könnte, daß Rousseau diesem seine Formulierung entnimmt: »Was die Reinigung der Leidenschaften betrifft, so weiß ich nicht, was diese Medizin ist« (Rousseau, Œuvres V, S. 1317, Anm. zu S. 19).
28. Aristoteles, *Poetik* 1449 b, 24-31, a.a.O., S. 33.

Mittel der *katharsis* ist: das Erwecken jener zwei »Leidenschaften« bei den Zuschauern durch die alleinige Kraft der Handlung oder ihre Darstellung auf der Bühne unmittelbar durch die handelnden Personen, was die Gefahr in sich birgt, dann den ersten Widersinn zu rechtfertigen.[29]

3. Die *pathèmata*, zu denen es *katharsis* gibt, sind nicht einfach »Leidenschaften« oder »Emotionen«: es sind *peinliche* Affekte oder Verwirrungen der *pathè*, des *pathos* allgemein: es ist das, was es an Negativem im *pathos* gibt, das Gegenteil zur Freude oder zum Vergnügen. Daher der trügerische, aber unüberwindbare Imperativ des Klassizismus, den Rousseau unaufhörlich bekämpft: die Regel des »Gefallens« (zu »rühren« bestenfalls, sagt Rousseau, schlechtestenfalls zu »schmeicheln«).

4. Das Verständnis der *katharsis* in ihrer medizinischen Bedeutung (»Reinigung«, genauer »homöopathisches Heilmittel« nach hippokratischer Art), das wenigstens bis Bernays und Freud Verwüstungen anrichten wird, beruht wahrscheinlich auf einer Fehldeutung des berühmten Abschnitts aus dem 8. Buch der *Politik* (1342) über die musikalische *katharsis*, wo der medizinische Gebrauch des Ausdrucks ausdrücklich ein metaphorischer ist.[30] Der Fehlgriff, Nietzsche hat ihn heftig denunziert (er hatte Bernays gelesen und kannte seine Klassiker), ist auf die Spitze getrieben, wenn die medizinische Metapher ihrerseits Gegenstand einer moralischen Metamorphorisierung wird, oder wenn man unter

---

29. Der Unterschied ist kaum wahrnehmbar. Dennoch muß die Frage gestellt werden. Unglücklicherweise tun dies die beiden Herausgeber der *Poetik* nicht, auf die ich mich beziehe und mit denen ich andererseits in der Analyse der *katharsis* übereinstimme (S. 188). Um ein einfaches Beispiel zu nehmen: bemitleidet Antigone im *kommos der Antigone* sich selbst? Oder aber warum gerät Ödipus am Ende von *König Ödipus* in einen solchen (erschreckenden) Zorn gegen Kreon, nachdem er einen Augenblick zuvor jammererregend war? Im einen wie im anderen Fall hat man es mit »Ungeheuern« zu tun, wie Rousseau sagt, der außer *Ödipus Phädra* und *Medea* zitiert. Und man sieht, daß sich hier im Grunde die ganze berüchtigte Frage der *Identifizierung* stellt: Setzt die *katharsis* sie voraus?

30. Auch in diesem Punkt unterschreibe ich den bereits zitierten Kommentar von R. Dupont-Roc und J. Lallot (vgl. besonders S. 191-193).

dem Ausdruck *Entladung** *[décharge]* die beiden Ebenen vermischt, genau gesagt, die drei, wenn man die psychopathologische Ebene hinzufügt.[31]
Aber auf seine Art weiß Rousseau darum, oder er ahnt es dunkel. Deshalb sucht er, nicht ohne Schwierigkeit, einen Ausgang.

Er glaubt, ihn in der Interpretation zu finden, die Crébillon in seinem Vorwort zu *Atrée* (1707) unterbreitet hat, die im übrigen sehr überraschend ist. Sie hat das Verdienst, die ganze kathartische Operation allein auf das Erwecken des Mitleids zu übertragen und uns bei dieser Gelegenheit auf die Passage zurückzuführen, von der wir ausgegangen sind, jene nämlich, auf die Rousseau so großen Wert legte, daß er ihre nachträgliche Einfügung in die *Zweite Abhandlung* wünschte:

Ich höre sagen, die Tragödie führe zum Mitleid durch Furcht. Gut. Was ist das aber für ein Mitleid? Eine flüchtige und eitle Erschütterung, die nicht länger dauert als der Schein, der sie verursacht; ein Überrest einer natürlichen Empfindung, die bald darauf wieder von den Leidenschaften erstickt wird, ein unfruchtbares Mitleid, das sich mit seinen eigenen Tränen tränkt und niemals auch nur die geringste Handlung der Menschlichkeit hervorgebracht hat. So weinte der blutdürstige Sulla bei Erzählung der Leiden, die er nicht selber zugefügt hatte. So verbarg sich der Tyrann von Pherä, wenn er im Theater war... [wir kennen die Fortsetzung].[32]

---

31. Vgl. Nietzsche, *Die Geburt der Tragödie*, Kap. XXII. Natürlich rechtfertigt umgekehrt auch nichts die »religiöse« (kultische oder rituelle) Interpretation der *katharsis*. Selbst wenn Aristoteles im 8. Buch der *Politik* von den »enthusiastischen« *(enthousiastikai)* Melodien spricht, die fähig sind, die Trance hervorzurufen, scheint es nicht, daß er darauf Bezug nimmt. Er behandelt sie auf jeden Fall auf derselben Ebene wie die anderen, die »ethischen« oder »praktischen« [Vgl. Aristoteles, *Politik*, Kap. 7, 1341 b, Hamburg, 1958, S. 298; A.d.Ü.].
32. Rousseau, *Schriften*, 1, a.a.O., S. 357. Im Folgenden S. 350-359.

Zwischen seinem Geständnis des Unverständnisses und dem natürlich ganz und gar »rhetorischen« Rückgang auf diese (falsche) Lösung hat Rousseau nicht aufgehört, die Argumente für den Beweis zu sammeln, daß das Theater seiner Natur nach keine ethische und politische Wirkweise hat. Im Gegenteil.

Man hat schon zuvor, das heißt praktisch von Anfang seiner Schmähschrift an, erkennen können, daß er dem Theater jede »Macht, die Meinungen und die Sitten zu ändern, welche es nur befolgen und ausschmücken kann«, abspricht. »Was die Art des Schauspiels betrifft, so bestimmt sie sich notwendig nach dem Vergnügen, das es bereitet, nicht nach dem Nutzen. Wenn ein Nutzen sich findet, umso besser, aber der Hauptzweck ist, zu gefallen, und wenn nur das Volk sich die Zeit vertreibt, so ist diesem Zwecke Genüge getan.« Diese Bestimmung – also die Regel des Klassizismus – sah sich plötzlich verallgemeinert: Immer und überall ist das Theater dazu verdammt, auf die Erwartung des Publikums zu antworten, ihm zu »schmeicheln« und in seiner Richtung zu gehen, ihm sein eigenes Bild zurückzusenden. Daher kommt es, daß das Theater entsprechend den »Nationen« unterschiedlich ist: die Engländer verlangen Blut, die Italiener Musik, die Franzosen Galanterie, »Liebe und Höflichkeit«, und es ist unterschiedlich entsprechend der Geschichte: Molière und Corneille sind schon nicht mehr aktuell – *a fortiori* die alte Tragödie: »Wer zweifelt daran, daß an unseren Theatern das beste Stück des Sophokles nicht durchfallen würde?« Kurz, es folgt »aus diesen ersten Beobachtungen, daß die *allgemeine* Wirkung (Hervorhebung von mir) des Schauspiels darin besteht, den Nationalcharakter zu unterstützen, die natürlichen Neigungen zu vergrößern und allen Leidenschaften neuen Nachdruck zu geben.«

Aber das Beispiel des Sophokles war, beiläufig bemerkt, aufschlußreich: eine gewisse *Identifizierung*, von der Rousseau in seiner Theorie des »natürlichen Mitleids« (wenn nicht der Furcht) doch so großes Aufsehen gemacht hat, wurde da in Frage gestellt. Auf die in bezug auf das »beste Stück von Sophokles« gestellte Frage antwortete Rousseau: »Man würde sich einfach nicht an die Stelle von Leuten versetzen können, die uns nicht ähnlich sind.« Anders gesagt und um die Dinge ein bißchen zu verdichten, der gegen den Antrieb der *katharsis* selbst gerichtete Angriff nahm sehr wohl bereits den Weg der vorgängigen Infragestellung einer eventuellen mimetischen *mathesis* – die entschieden zurückgewiesen wurde, bekanntlich allein zugunsten der Vernunft. Rousseau hatte in Wirklichkeit sehr gut begriffen, daß es die *mimesis* ist, die die *katharsis* rechtfertigt. Er wollte beweisen, daß diese »Reinigung« keine ist, oder aber daß sie nur in den Bereich des *Scheinbaren* gehört, denn Tatsache ist, daß sie ganz und gar vom »Schein« allgemein abhängt, von dieser Aktivität, die Trugbilder erzeugt und die »derealisiert«, von der *mimesis*. Das ist gegen jede Erwartung, denn allein ein »natürliches« mimetisches (und als ein *mathematisches* anerkanntes) Vermögen konnte in der Zweiten *Abhandlung* erlauben – man erinnert sich daran – die Szene des Ursprungs aufzubauen. Man muß annehmen, daß, sowie man »zum Theater kommt«, wie Diderot schreibt, sowie die Kultur und die Geschichte die Natur »erstickt« haben, die *mimesis* selbst die Natur wechselt: »die leidenschaftliche Erregung« *[transport]*, die sie voraussetzt und die, als ihre *Bedingung* selbst, die Erkenntnis des Ähnlichen und des Selbst garantierte, wird zum hervorragenden Mittel der »Illusion«. Der ganze Beweisgang Rousseaus baut sich im *Brief* entsprechend dieser platonischen Evidenz, d.h. von der »Evidenz« der Macht der *Ansteckung* her auf, die der *mimesis* eigen ist oder der Evidenz des ununterdrückbaren oder unheilbaren Charakters der *Kontaminierung* durch die Leidenschaften.

Alles oder fast alles *ist* schon mit der klassizistischen Erinnerung an die *Poetik* gesagt. »Sollte man erst rasend und närrisch werden müssen, wenn man klug und vernünftig werden will?« Das war die erste ungläubige Frage, die durch das Rätsel der Reinigung aufgekommen war. Rousseau schließt dann die folgende Diskussion an:

»Aber nein!, das ist es nicht«, sagten die Anhänger des Theaters. »Die Tragödie behauptet zwar, daß die Leidenschaften, die sie schildert, uns erschüttern, aber sie will nicht immer, daß unsere Erregung mit der einer von Leidenschaften gequälten Person übereinstimme. Ihre Absicht ist im Gegenteil sehr oft, Gefühle in uns zu wecken, die denjenigen, welche sie ihren Personen leiht, entgegengesetzt sind.« Außerdem sagen sie: Wenn die Schriftsteller die Macht, die Herzen zu bewegen, mißbrauchen, um unangebrachte Teilnahme zu erwecken, so müsse dieser Fehler der Unwissenheit und Verderbtheit der Künstler, nicht aber der Kunst zugeschrieben werden. Sie behaupten endlich, daß ein getreues Gemälde der Leidenschaften und der Qualen, die sie begleiten, allein genüge, uns dahin zu bringen, daß wir sie mit aller Sorgfalt meiden.

Es ist unbedeutend zu wissen, wer hier die »Anhänger des Theaters« sind (Du Bos, Porée, oder vielleicht sogar Diderot) und bis zu welchem Grad ihre Argumentation begründet ist. Bedeutsam ist aber natürlich die Antwort, oder besser, die *Reaktion* Rousseaus. Da spricht die Stimme der Natur, das reine innere Gefühl, das absolut vorhergehende »Ich« der Unschuld:

Um das Unredliche zu bemerken, welches in all diesen Antworten steckt, braucht man nur den Zustand seines Herzens am Ende einer Tragödie zu befragen. Künden denn Erregung, Verwirrung und Rührung, die man in sich verspürt, eine Bereitschaft an, unsere Leidenschaften zu überwinden und zu beherrschen? Sind denn die lebhaften und rührenden Eindrücke, an welche wir uns gewöhnen und die so oft wiederkehren, dazu angetan, unsere Empfindungen auf das nötige Maß zu bringen? Warum sollte das Bild der Qualen, die aus den Leidenschaften entspringen, die Aufwallungen [Hervorhebung von mir] *von Lust und Freude auslöschen, die man ebenfalls daraus entstehen sieht? Zumal die Schriftsteller ihre Stücke, um sie gefälliger zu machen, sorgfältig herausputzen?*

Diese wenigen Zeilen, die wie unter der Wirkung einer Verblüffung geschrieben sind, beschreiben nichts anderes als den absolut kostbaren Augenblick des »Absturzes«, den Schwindelzustand selbst des Genusses an der Darstellung: diese Art ekstatischen »Einsaugens«, von dem Nietzsche sprechen wird, wenn er an den Schluß von *Tristan* erinnert[33] und das Rousseau sich ereifern wird – ganz sicher *sich selbst zum Trotz* –, der Kunst als Privileg abzusprechen, um sagen zu können, es allein in der Natur zu erfahren: beispielsweise am Bieler See im »*Fünften Spaziergang*« (daher das Hohngelächter Nietzsches und seine Sarkasmen gegen die »Idylle«, die Träumerei des »guten Wilden« und die »Kultur... der Oper«!). Aber diese seltsame »Alchimie«, durch welche die »Qualen, die aus den Leidenschaften entspringen«, sich verwandeln *[transmuent]* – oder, wenn man das sagen kann, sich *aufwallen [se transportent]* – in Vergnügen, ist die kathartische Wirkung selbst. Und daß Rousseau sie *abstreitet*, diesmal nicht ohne es zu *wissen*, aber im (analytischen) Sinn der *Verneinung** (»Ich will es nicht wissen«), nicht dem der fetischistischen *Verleugnung** (»Zwar weiß ich, aber dennoch...«), das schafft den Antrieb selbst seines wunderbaren schöpferischen Vermögens, die zerrissene Seele, den fundamentalen Widerspruch seines Werkes und seines Denkens. Wir befinden uns *mitten drin.*

Der restliche Beweisgang ist nun nur noch Konsequenz (aber Rousseau erbringt kein Argument). Wenn man sagt, daß die *mimesis* selbst schädlich ist und daß sie es umso mehr ist, je *wirksamer* sie ist, so hat man alles gesagt. Die Gründe für diese Wirksamkeit sind letztlich sekundär. Es genügt, es erfahren zu haben, um die erforderliche Gewißheit zu gewinnen. Im Theater gibt es eine *Reinigung* der Affekte oder der Leidenschaften; aber genau da liegt die Gefahr:

---

33. Nietzsche, *Werke*, Bd. I, S. 134 (A.d.Ü.).

Wenn sich, nach einer Bemerkung des Diogenes Laertius, das Herz leichter von erdichteten als von wirklichen Leiden rühren läßt, wenn die Nachahmungen des Theaters uns bisweilen mehr Tränen entlocken, als es sogar die Wirklichkeit der nachgeahmten Gegenstände könnte, dann liegt das weniger daran, wie der Abbé Dubos annimmt, daß diese Gefühle schwächer sind und nicht bis zum Schmerz gehen, als daran, daß sie rein [Hervorhebung von mir] *sind und keine Sorge um uns selbst ihnen beigemischt ist. Vergießen wir für diese Einbildungen Tränen, so haben wir allen Rechten der Menschlichkeit genügt, ohne von uns noch irgend etwas hinzutun zu müssen.*[34]

Und einige Zeilen weiter (wo man nebenbei das Auftreten der »schönen Seele« begrüßen kann, die einem glücklichen Schicksal versprochen ist):

Was kann man im Grunde von einem Menschen noch erwarten, wenn er hingeht und schöne Handlungen in Fabeln bewundert und eingebildete Unglücksfälle beweint? Ist er nicht mit sich selbst zufrieden? Freut er sich nicht seiner schönen Seele? Hat er sich nicht der Pflichten, welche er der Tugend schuldet, durch die Huldigung entledigt, die er ihr eben darbrachte? Was soll er mehr tun? Soll er etwa selber tugendhaft handeln? Er hat keine Rolle zu spielen. Er ist kein Schauspieler.

Ein Weniges, so würde die Vorstellung *[représentation]* die Welt als ein Theater (oder als Schauspiel) darstellen. Das wäre die traurigste und die schwerwiegendste der »komischen Illusionen«, der Gipfel des Bösen selbst, der nur im Köder der *Reinheit* bestünde. Im moralischen Sinn, wohlverstanden...

Dennoch ist festzuhalten, daß das Theater, und jedenfalls die Tragödie, nicht allein im soeben gebrauchten Sinn entrealisiert, oder – um ein Wort Rousseaus zu gebrauchen – nicht allein »aus-

---

34. Rousseau, *Schriften*, 1, S. 357f.

nimmt« *[exempt]*, womit er anzeigt, daß die Identifizierung mit irgendeiner leidenden Person auf der Bühne uns unserer *wirklichen* Pflichten enthebt. Vielmehr sagt Rousseau ebenfalls, daß das Theater »entfernt«, und zwar unter der Wirkung eines doppelten Zwangs, der mit seiner Historizität verbunden ist und zugleich mit seinem Formalismus (seiner Kodifikation):

> *Je mehr ich darüber nachdenke, desto deutlicher wird mir, daß man uns das, was man auf dem Theater darstellt, nicht näher bringt, sondern von uns entfernt. Sehe ich den Comte d'Essex [Tragödie von Thomas Corneille, 1678], so wird die Herrschaft Elisabeths meinen Augen um zehn Jahrhunderte entrückt, und würde man eine gestern in Paris vorgefallene Begebenheit aufführen, so würde ich sie in der Zeit Molières vermuten. Das Theater hat seine besonderen Regeln, seine Grundsätze und seine besondere Moral, so wie es seine eigene Sprache und Kleidung hat. Man sagt sich, daß nichts davon sich für einen schickt, und man würde sich ebenso lächerlich vorkommen, wenn man die Tugenden seiner Helden annehmen, als wenn man in Versen reden und ein römisches Gewand anziehen wollte.*[35]

Diese Fremdartigkeit oder diese Distanz, denn sie ist in Wirklichkeit das völlige Gegenteil des *Verfremdungseffekts* [distanciation]* von Brecht (der aktiv und gewollt ist), womit man sie ein wenig zu voreilig verwechselt hat, ist weit davon entfernt, die praktische oder moralische Wirkung der Identifizierung (der Ausnehmung *[exemption]*) zu zerstreuen, sondern verstärkt sie paradoxerweise. Das Verdikt ist erbarmungslos:

> *Dazu also dienen all diese großen Gefühle und glänzenden Grundsätze, die man mit so viel Nachdruck herausstreicht, daß man sie nämlich für immer auf die Bühne verbannt und uns die*

---

35. Ebd., S. 358.

Tugend als ein Theaterspiel zeigt, das wohl gut ist, die Zuschauer zu belustigen, welches aber ernsthaft auf die Gesellschaft übertragen zu wollen die äußerste Torheit wäre. So besteht der glücklichste Eindruck, den unsere besten Tragödien auf uns machen können, darin, alle Pflichten des menschlichen Lebens auf einige flüchtige, unfruchtbare und wirkungslose Empfindungen zurückzuführen und zu erreichen, daß wir unseren Mut herausstreichen, indem wir den Mut anderer loben, daß wir stolz auf unsere Menschlichkeit sind, indem wir Übel beklagen, die wir hätten heilen können, und daß wir uns etwas auf unsere Mildtätigkeit einbilden, wenn wir zum Armen sagen: Gott helfe dir!

Zweifellos muß man die qualitativen Unterschiede sehen: man verläßt zu Tränen gerührt eine Vorstellung von *Bérénice* (»die Erregung, die Verwirrung und die Rührung«, Rousseau dachte dabei an *Bérénice*, er bekennt es später: *invitus invitam dimisit...*). Und *Le Comte d'Essex* ist gekennzeichnet durch Aufgeblasenheit und emphatische Altertümelei, ähnlich wie die Tragödien »nach antikem Muster«. Die *mimesis* hat nur insoweit Wirkung, als sie sich nicht wahrnehmen läßt oder nicht lächerlich, stereotyp wird. Aber die ethische »Übertragung« *[délégation]* ist dieselbe. Ein Widerspruch kann auf der Bühne (allgemein) heimisch sein und sogar ihre Wirkungen bestimmen: die *mimesis* der Leidenschaften ist nicht immer ansteckend. Der Grund ist, daß die praktische Wirkung im allgemeinen immer sich selbst gleich ist. Und wenn es mangels »Reinigung der Leidenschaften« »Erleichterung« gibt, so zugunsten der Auflockerung unserer Verpflichtungen gegenüber anderen oder uns selbst. Nur das *Gewissen* wird (illusorisch) beruhigt. Deshalb kann übrigens Rousseau »ergänzen« *[suppléer]*, wie er gesagt hätte, was in der *Poetik* des Aristoteles fehlt: Die Komödie, die »eine schlichtere Ausstattung« voraussetzt (eine Art Realismus, eine Annäherung an uns), erfüllt eine ungefähr analoge Funktion, indem sie die Tugend lächerlich macht (siehe, einmal mehr

Der Menschenfeind); und man weiß, daß »das Lächerliche [...] die Lieblingswaffe des Lasters ist.« In der Komödie verdoppelt sich die Identifizierung gewissermaßen, wenigstens für Rousseau selbst (oder den, der ihm gleicht) durch eine Projektion: Erfolgte nicht in der Zeit der Redaktion des *Briefes* das erste Zerwürfnis mit Diderot, weil Rousseau eine gewisse Sentenz aus dem *Fils naturel* auf sich bezogen hatte: »Nur der Böse ist allein«? Aber für das »Publikum« genügt es, sich frei von jeder Verpflichtung zu fühlen. Lachen im Theater, was nur bedeuten kann: lachen über das, was als ernst gilt, erzeugt dasselbe Resultat wie die Tränen oder die Bewunderung: Man überträgt, was uns beschwert und uns quält, auf die Bühne. Die *katharsis* ist nur eine häßliche Erleichterung; die Theatervorstellung *dispensiert uns*.

Darin läßt sich im Grunde das Theater mit all seinen Wirkungen zusammenfassen: *katharsis* vielleicht, aber als etwas Illusorisches oder Schädliches.

2

Am Ende dieser Seiten scheint alles erledigt. Das Verdikt ist nicht nur erbarmungslos, es ist unwiderruflich. Selbst bevor Rousseau versucht, es durch Beispiele zu erhärten oder durch die Prüfung gewisser tragischer *Themen* (Intrige und Charakter zusammen) Beweise dafür beizubringen, wird das Urteil – einmal mehr mit Hilfe des Aristoteles – gefällt:

Alles zwingt uns also, auf jenen eitlen Begriff von Vollkommenheit zu verzichten, den man uns von der Form eines Schauspiels geben möchte, das dem öffentlichen Nutzen dient. Es ist ein Irrtum [...], wenn man glaubt, man könne auf der Bühne die wahren Verhältnisse der Dinge zeigen, denn im allgemeinen [ich unterstreiche] *kann der Dichter sie nur ändern, um sie dem Geschmack des Volkes anzupassen. In der Komödie verkleinert er sie und stellt sie unter den Menschen, in der Tragödie aber vergrößert er sie, um sie heroisch zu machen, und stellt sie über den Menschen. So entsprechen sie niemals seinem Maß, und immer sehen wir auf dem Theater andere Wesen, als wir selber sind* [ich unterstreiche wieder]. *Ich füge hinzu, daß dieser Unterschied so wahr und anerkannt ist, daß Aristoteles daraus in seiner Poetik eine Regel macht:* Comoedia enim deteriores, Tragoedia meliores quam nunc sunt imitari conantur.[36] *Ist das nicht eine selbstredende Nachahmung, die sich zum Gegenstand wählt, was nicht ist, die aber zwischen Mangel und Übertreibung das, was ist, für unnütz ansieht? Was ist aber an der Wahrheit der Nachahmung gelegen, wenn nur der Schein da ist? Es kommt nur darauf an, die Neugier des Volkes zu kitzeln. Diese Hervorbringungen des Witzes haben, wie die meisten anderen, nur den Beifall zum Ziel. Wenn der Autor ihn erntet und die Schauspieler ihn mit ihm teilen, hat das Stück seinen*

---

36. »Die Komödie will nämlich schlechtere, die Tragödie bessere (Menschen) nachahmen, als sie heute sind.« (Aristoteles, *Poetik* 2, 1448a, 16); A.d.Ü.

Zweck erfüllt, man sucht darin keinen weiteren Nutzen. Wenn es also kein Gutes gibt, so bleibt nur das Schlechte, und da dieses nicht zweifelhaft ist, scheint mir die Frage entschieden...[37]

Aber wenn man ein bißchen aus der Nähe hinschaut, sind die Dinge nicht so einfach, und vor allem nicht so einfach, wie man gewöhnlich glaubt.
Tatsächlich verurteilt Rousseau die Nachahmung nicht als solche. Er verurteilt nur die »poetische« oder »poietische« Nachahmung: d.h. jede »Produktion«, sei sie »witzig« oder nicht, die keine andere Zielsetzung hat als zu gefallen, im zweifelhaftesten Sinn des Wortes. Würde man uns im Theater darbieten, »was ist«, »Wesen« wie »unseresgleichen«, so wäre die Nachahmung »akzeptiert« *[bien entendue]*, und man könnte sogar von einer »Wahrheit der Nachahmung« sprechen. Aber das Theater stellt nur die Illusion (wieder) dar, aus dem einfachen Grund, weil nur die Illusion (oder die »Fiktion«) fähig ist, zu »gefallen«, welches auch immer das benutzte Mittel ist: das Lachen oder die Tränen. Hierdurch erklärt sich im übrigen unmittelbar, daß die *katharsis* ihrerseits illusorisch ist: eine trügerische oder lasterhafte, eine eitle oder schädliche Erleichterung. »Wenn es also kein Gutes gibt, so bleibt nur das Schlechte.« Aber nichts verbietet mit Recht die Möglichkeit einer guten Nachahmung, ebenso wenig wie die einer wirkungsvollen Reinigung (wenn nicht Läuterung) der Leidenschaften, wie es sie »ursprünglich» gab, man erinnert sich.
Demzufolge richtet sich Rousseau gegen das Theater als solches, oder wenigstens gegen das Theater, so wie es geworden war: reines Theater. Man muß hier den Ausdruck »Vollkommen-

---

37. Rousseau, *Schriften*, I, S. 359f. [Die Übersetzung ist entsprechend dem franz. Wortlaut leicht verändert; A.d.Ü.]. Das ist das erste – und das letzte – Mal, daß Rousseau Aristoteles »direkt« zitiert (er hat in Wirklichkeit dieses lateinische Zitat aus *Poetik* 2 und seine Übertragung von Muralt, den er auch in *La Nouvelle Héloise* für gewisse Briefe benutzt, die Saint-Preux aus Paris schreibt. Vgl. die Anmerkung von Jean Rousset in: Rousseau, *Œuvres*, V, S. 1322-1323).

heit« *[perfection]* als entscheidend ansehen und dies in seiner elementarsten Definition als das Ziel jeder »Vervollkommenbarkeit« *[perfectibilité]*: »Alles zwingt uns also, auf jenen eitlen Begriff von Vollkommenheit zu verzichten, den man uns von der Form eines Schauspiels geben möchte...« Entsprechend einem Schema, das wir schon kennen, verurteilt Rousseau keineswegs die Kunst; vielmehr unterhält er die Hoffnung auf eine »perfektionierte Kunst«, d.h. eine »Kunst«, die (wieder) »Natur« geworden ist und dabei den Gegensatz selbst aufhebt, aus dem sie entstanden ist. Bekanntlich ist dies auf dem Weg über Kant eine Lehre, die Schiller festhält und bei der es ihm sogar am Herzen liegt, sie in ihren letzten Konsequenzen zu entfalten und auszubreiten: das ist der ganze Gegenstand seiner Überlegung über das »Naive« und das »Sentimentalische« in der Literatur, aber auch über die Möglichkeit, die dem »modernen« Theater angeboten wird, den Gegensatz zwischen alter Tragödie und »klassischer« Tragödie aufzuheben.[38]

»Vervollkommnete Kunst«, schreibt Jean Starobinski, der Ausdruck steht in der ersten Version des Gesellschaftsvertrags: Man muß »aus dem Übel selbst das Heilmittel gewinnen, mit dem es zu heilen ist«, denn, wenn der Mensch es weiß und es will, wird

---

38. Ich beziehe mich hier auf die berühmten Analysen von Peter Szondi, »Das Naive ist das Sentimentalische« (in: Peter Szondi: *Lektüren und Lektionen*, Frankfurt/Main, 1973) und ebenso auf gewisse Texte, speziell über Hölderlin, die ich in: *Die Nachahmung der Modernen*, Basel, 2003, zusammengestellt habe. In bezug auf die Schillersche Theatertheorie denke ich hauptsächlich an die Studien von 1791-1793, die verfaßt wurden unter dem Eindruck von Goethes *Iphigenie* und zugleich dem von Kants dritter *Kritik: Über den Grund des Vergnügens an tragischen Gegenständen*, wo die Schlußfolgerungen der Vorlesungen über die Tragödie, die er 1790 in Jena gehalten hat, wieder aufgenommen werden, *Über die tragische Kunst, Über das Pathetische* und das später entstandene Vorwort zur *Braut von Messina* (1803), das die Lektüre der ersten philologischen Arbeiten von Schlegel voraussetzt und den Titel hat: *Über den Gebrauch des Chors in der Tragödie*. Es stellt ganz andere Probleme, so wie Nietzsche als erster es in der *Geburt der Tragödie* erkennt. Schiller zieht im übrigen aus Rousseau so sehr die Konsequenzen, daß er sich für eine reine und einfache Rehabilitation des Theaters einsetzt (Vgl. Friedrich Schiller, *Sämtliche Werke*, Bd. V, *Theoretische Schriften*, München, 1967).

er »in der vervollkommneten Kunst die Heilung der Übel« finden, »welche die anfängliche Kunst der Natur zufügte«.[39] Und Starobinski, der dieses Schema in bezug auf die musikalische Nachahmung im Essai über den Ursprung der Sprachen erkennt, fügt hinzu, daß »derselbe Gedanke, mit anderen Worten formuliert, zu Beginn vom *Émile* erneut erscheint«.[40]

Aber aus dem Übel das Heilmittel gewinnen, das ist das Ziel der kathartischen Operation selbst, zumindest in ihrer medizinischen Interpretation (die Rousseau wie selbstverständlich unterschreibt). Und man beginnt vielleicht zu erkennen, daß die spekulative Aufhebung in der Tat dieser Interpretation der *katharsis* nicht fremd ist, sofern sie nicht explizit von ihrem Modell aus gedacht ist. Ich will kurz darüber sprechen.

Auf jeden Fall ist es so, daß uns ein gewisser Ursprung des Theaters ein anderes Theater erraten läßt, als dasjenige, das »reines Theater« ist und folglich anderes erwarten läßt, wenn auch nicht von »der Bühne allgemein«, so aber jedenfalls doch von den »Schauspielen«. Es ist nicht untersagt, sich eine Wahrheit der Nachahmung und eine Wirkweise der Reinigung vorzustellen. Doch muß man die »Wahrheit des Theaters« (der Ausdruck stammt von Rousseau) und seinen »Nutzen«, in seinem Wesen selbst erfassen oder an seinem Ursprung, in seinem Zustand der »Vollkommenheit«:[41] d.h. in seiner griechischen Phase, die absolut eine Ausnahme ist. Vor der »Szene«.

Rousseau kommt zweimal darauf zurück.

Das erste Mal ist, als Rousseau am Ende der Durchsicht der Beispiele – alle dem modernen französischen Theater entliehen, die

---

39. Rousseau, *Œuvres*, III, S. 288.
40. Rousseau, *Essai sur l'origine des langues*, a.a.O., S. 49 (Es handelt sich um die Einführung zum *Essai über den Ursprung der Sprachen*). Ich habe bereits hervorgehoben, daß J. Starobinski an anderer Stelle nahe legt, daß es sich um die erste Skizzierung der hegelschen *Aufhebung* handelt.
41. Wie Rousseau zur Überprüfung des modernen komischen Theaters kommt, sagt er ausdrücklich: »Nehmen wir es in seiner Vollkommenheit, also bei seiner Geburt«. (Rousseau, *Schriften*, 1, S.367 [Übers. entsprechend dem franz. Wortlaut verändert; A.d.Ü.]). Und es wird um Molière gehen.

seine erste große Schlußfolgerung illustrieren sollen (jene, die wir soeben gelesen haben) – zu definieren versucht, was in seinen Augen eine gute tragische Person sein könnte oder der »Charakter«, den eine gute Nachahmung präsentieren könnte. Er analysiert den *Catilina* von Crébillon und das Stück: *Rome sauvée* von Voltaire, das die Antwort darauf ist; ebenso *Le Fanatisme ou Mahomet le prophète* von Voltaire und schließlich *Atrée et Thyeste* von Crébillon. Das Resultat der Analyse wird im voraus gegeben: »... die französische Bühne ist fraglos die vollkommenste, zumindest aber die regelhafteste, die es je gab, und doch triumphieren auf ihr die großen Verbrecher ebenso wie die berühmtesten Helden, wie Catilina, Mahomet, Atrée und viele andere bezeugen.«[42] Zwischen den »Verbrechern«, namentlich dem »schwarzen Atrée«, und den viel zu erhabenen »Helden« gibt es nichts: niemand, kein Mensch, keinen »unseresgleichen«. Nur Thyeste ist eine Ausnahme, aber nur, so überraschend dies erscheinen mag, weil er Punkt für Punkt dem entspricht, was man sich nach Aristoteles als das Ideal der »tragischen Person« vorstellt, d.h. er entspricht Ödipus – und Thyeste...[43] Rousseau spricht nicht von Seneca, sondern vom *remake* durch Crébillon:

---

42. Rousseau, *Schriften*, 1, S. 361.
43. Aristoteles, *Poetik*, 1452b -1453a. Das sind die berühmten Seiten, auf denen Aristoteles in Wirklichkeit den Typ von »Struktur« *(synthesis)* prüft, nicht jenen des »Charakters« oder der Person, der geeignet ist, Furcht und Mitleid zu erregen: Nicht die Gerechten dürfen vom Glück zum Unglück übergehen, noch umgekehrt die Verbrecher vom Unglück zum Glück, denn das Mitleid kann nicht dem Menschen zukommen, der sein Unglück nicht verdient hat, und die Furcht entsteht nur beim Unglück desssen, der ähnlich ist *(phobos [...] peri ton homoion).* »Es bleibt also nur der Fall dazwischen übrig«, sagt Aristoteles, »Er tritt ein, wenn einer weder an Tugend und Gerechtigkeit ausgezeichnet ist, noch durch Schlechtigkeit und Gemeinheit ins Unglück gerät, sondern dies erleidet durch irgendeinen Fehler *(hamartia).* Und zwar muß er zu denjenigen zählen, die großen Ruhm und Glück gehabt haben, wie Oidipus und Thyestes, oder andere berühmte Männer aus einem solchen Geschlechte.« Aristoteles, *Poetik*, a.a.O., S.44. Rousseau hält vor allem nicht den Fall Ödipus fest, aber er paraphrasiert aufmerksam diese Passage.

Bevor ich über dieses Stück abschließe, muß ich ihm ein Verdienst zuerkennen, das vielen Leuten möglicherweise als Fehler erscheinen wird. Die Rolle des Thyeste ist vielleicht von allen, die man bei uns aufs Theater gebracht hat, diejenige, die den Geschmack der Alten am meisten spüren läßt. Er ist kein starker Held, kein Muster an Tugend, ebenso wenig kann man behaupten, er sei ein Verbrecher: er ist ein schwacher Mensch und dennoch interessant allein dadurch, daß er Mensch und unglücklich ist. Mir scheint auch, daß allein hierdurch das Gefühl, das er erregt, außerordentlich zart und rührend ist, denn dieser Mann ist jedem von uns recht nahe, während der Heroismus uns mehr überwältigt als bewegt, weil wir schließlich doch nichts mit ihm zu tun haben. Wäre es nicht wünschenswert, wenn unsere erhabenen Schriftsteller geruhen würden, von ihrer dauernden Erhabenheit ein wenig herabzusteigen und uns hin und wieder für die einfache, leidende Menschheit einzunehmen, damit wir nicht vor lauter Mitleid mit unglücklichen Helden sonst keines übrigbehalten?[44]

Und Rousseau fügt unmittelbar hinzu: »Die Alten hatten Helden und stellten Menschen auf ihre Bühnen, wir hingegen stellen nur Helden auf die Bühne und haben kaum noch Menschen. Die Alten sprachen von Menschlichkeit in weniger gezierten Sätzen, aber sie wußten sie besser zu üben.« Stillschweigend stellt sich also die folgende unvermeidbare Frage: Warum stellte die antike Bühne trotz allem so viele »Ungeheuer« zur Schau und warum »solche Ungeheuer«? Ödipus, Phädra, Medea natürlich, aber auch Agamemnon, »wie er seine Tochter vergewaltigte« und Orest, »der seine Mutter erwürgt«, und noch einige andere? Warum diese abscheulichen Untaten und diese »gräulichen Handlungen«, die zweifellos »den Stücken Anteilnahme und den Tu-

---

44. Rousseau, *Schriften*, I, S. 364. Jean Rousset bemerkt, daß in bezug auf die Formulierung: »ein schwacher Mensch und dennoch interessant« das Wort »interessant« im klassischen Sinn bedeutet: »der Mitleiden eingibt« (Rousseau, Œuvres, V, a.a.O., S. 1325, n. 3).

genden ein Übungsfeld« erschließen, die aber gleichzeitig »die Augen des Volkes an Abscheulichkeiten« »gewöhnen«, »die es nicht kennen und an Schandtaten, die es nicht einmal für möglich halten sollte?«[45] Wie konnten die Griechen die Lektion solcher Schauspiele akzeptieren (*Ödipus*: »der Mensch ist unfrei, und [...] der Himmel bestraft ihn für Verbrechen, die er ihn begehen läßt«: *Medea:* »wie weit Wut und Eifersucht eine grausame und entmenschte Mutter zu treiben vermögen«[46]) und den Anblick eines so radikalen Übels *ertragen,* wie es unvorstellbar oder unmöglich schien?

Man muß die Antwort Rousseaus sehr aufmerksam lesen, denn bald werden wir, mittels einiger zusätzlicher Anmerkungen, in einem der allerersten Texte Schellings die spekulative Übersetzung dazu finden.

Daß die Griechen solche Schauspiele duldeten, *liegt daran, daß sie für sie nationale Altertümer darstellten, die zu allen Zeiten im Volk umliefen und die es sich mit gutem Grund immer wieder ins Gedächtnis rief. Selbst* deren Scheußlichkeiten entsprachen noch ihren Absichten. *Wie kann dieselbe Tragödie, von eben diesen Beweggründen und Interessen abgelöst, bei ihnen Zuschauer finden, die* fähig sind, die Bilder, die sie ihnen vorführt und die Personen, die sie in ihnen handeln läßt, zu ertragen? [Hervorhebungen von mir][47]

Anders gesagt, und um wie Nietzsche zu sprechen (der dieselbe Frage stellen wird), welches war also bei den Griechen der Grad an *Toleranz* für das Leiden und für den Schrecken? Für die »Scheußlichkeit« *[l'odieux],* denn das ist das sehr moralische Wort Rousseaus? Oder, um in die Sprache des Aristoteles zurückzuübersetzen: wie machten sich die Griechen ein Vergnügen bei

---

45. Rousseau, *Schriften*, I, S. 365.
46. Ebd.
47. Ebd., S. 366.

so großer Not? Oder eine Unlust, wenn wir diesmal das Vokabular Freuds benutzen – beispielsweise das für »Psychopathische Personen auf der Bühne«?[48]

Rousseaus Antwort ist, im Unterschied zu vielen anderen, die darauf folgten, nicht in der »aristotelischen Art« formuliert, oder wenigstens so gedacht: Sie enthält nichts, was eine *ästhetische* Interpretation im Sinne einer Psychophysiologie (Bernays, Nietzsche) oder einer Psychopathologie (Freud) rechtfertigen würde. Und wenn sie selbstverständlich durch die moralische (klassische) Lektüre des Aristoteles überdeterminiert bleibt, so ist der Druck, den Platon ausübt, nichtsdestoweniger ein derartiger, daß sie zuerst und wesentlich eine *politische*, oder historico-politische Antwort ist. Aber – und das ist ganz und gar überraschend, sie richtet sich im *gleichen* Zug *genau* gegen das, was Platon anzeigen wollte: Wenn die Griechen nicht (wirklich) »an ihre Mythen« »glaubten«, so hatten sie dennoch die Gewohnheit, sie in Erinnerung zu rufen, sei es auch nur aus »nationalen« Gründen. Sie glaubten an ihre eigene Geschichte (Heidegger überträgt: an ihr geschichtliches *Dasein*[49]*)*, das war sogar das Wesentliche ihrer Religion, sowohl im Sinne von ›*relegere*‹ (von ›auflesen‹) und von ›*religare*‹ (von ›anbinden‹): Tradition oder Erinnerung, politische Bindung oder Staat (Stadt). Ungefähr zur Zeit der Abfassung des *Briefes* läßt Rousseau von Paris aus an Saint-Preux schreiben, und dieses Motiv wird sogleich im *Brief* selbst auftauchen: »Des Trauerspiels Einführung gründete sich bei seinen Erfindern auf die Religion [...] Die griechischen Trauerspiele beruhten auf wahren Begebenheiten oder auf solchen, die von den

---

48. Ich erlaube mir, auf »La scène est primitive« in: Lacoue-Labarthe, *Le Sujet de la philosophie*, Paris, 1979 zu verweisen [Vgl. auch: Sigmund Freud, *Psychopathische Personen auf der Bühne* (1942), in: *Studienausgabe*, Bd. X., Frankfurt/Main, 1969; A.d.Ü.].
49. Um bei den Beispielen Rousseaus zu verbleiben, genügt es auf die Nennung von Ödipus im Kapitel »Sein und Schein« der *Einführung in die Metaphysik* von 1935 zu verweisen.

Zuschauern für wahr erachtet wurden.«[50] Das bedeutet ohne Zweideutigkeit, daß nicht nur die Nachahmung hier nicht erdichtet wurde, sondern auch, daß die *katharsis* eine ganz reale Wirkung hatte: der Grund ist, daß es bei der Nachahmung hier gerade nicht um ein behauptetes »Reales« ging (im Sinne eines »Realismus« oder eines »Verismus«) und noch weniger um eine verlorene Erhabenheit: Sie gehörte – und da konnte ihre *Richtigkeit* bemessen werden – zu dem, was Hegel, indem er sich gerade auf Äschylos *(Eumeniden)* bezieht oder auf Sophokles *(Antigone)*, *die Sittlichkeit** nennen wird: setzen wir dafür die »Ethizität« oder »die ethische Welt«. Das Theater der Griechen belehrte, denn es war *mimesis* (Präsentation) des griechischen *ethos*. Es war »nützlich«. Und der Grund dafür ist ein sehr einfacher: *es war nicht reines Theater.*

Das bestätigt an viel späterer Stelle mit einer erstaunlichen argumentativen Kraft und einer Art rhetorischen Trunkenheit (Dionysos! Sagte da Hölderlin) die zweite Beiziehung des griechischen *Beispiels*, d.h. auch der »griechischen Ausnahme«. Sie erfolgt im Zusammenhang sehr langer Ausführungen über den Schauspieler, den mimetischen Menschen und seine Moralität. Man weiß bereits, daß Rousseau, bis auf weniges, den platonischen Beweisgang wiederholt. Aber er stolpert dennoch über die »universelle« Verurteilung, deren Opfer die Schauspieler seit Rom sind: *quisquis in scenam prodierit [...] infamis est.*[51] Und er stolpert um so mehr, als diese Verurteilung (diese strafrechtliche, moralische usw. Verurteilung: dieses Ehrlosigkeitsdekret) durch die Kirche fortgetragen wurde bis in unsere Tage, und weil daraus wahrscheinlich »nur Vorurteile ersprießen«. Aber es ist keine Entgegnung: »Ich könnte diese Vorurteile auf den Wortschwall der Priester zurückführen, wenn ich sie nicht bereits vor Entstehen des Christentums bei den Römern vorfände, und zwar nicht

---

50. Vgl. die Notiz von Jean Rousset (Rousseau, *Œuvres* V, S. 1327, n. 1 [Zitat aus Rousseau, *La Nouvelle Héloise*, II, XVII; hier wiedergegeben nach: *Julie oder Die neue Heloise*, übers. von J. G. Gellius, München, 1978, S. 258; A.d.Ü.].
51. »Wer immer die Bühne betritt [...] ist ehrlos.« Digesta, III, 2, 1; A.d.Ü.

nur im Geist des Volkes verschwommen umlaufend, sondern bestätigt durch ausdrückliche Gesetze, die die Schauspieler für ehrlos erklärten, ihnen Titel und Rechte eines römischen Bürgers absprachen und die Schauspielerinnen mit Prostituierten gleichsetzten.«[52] Rousseau verdrängt also überflüssige Spitzfindigkeiten und – plötzlich –»treten« die Griechen »auf«. Das »Schauspiel« ist in der Tat großartig:

> Ich weiß nur ein Volk, das hierin nicht die Grundsätze aller anderen geteilt hat, und das sind die Griechen. Es ist sicher, daß bei ihnen der Theaterberuf so wenig entehrend war, daß Griechenland Beispiele von Schauspielern bietet, die gewisse öffentliche Ämter bekleideten, sei es im Staat oder als Gesandte. Die Ursachen für diese Ausnahme lassen sich leicht feststellen. 1. Da die Tragödie und die Komödie bei den Griechen erfunden wurden, konnten sie einen Stand nicht im Voraus verachten, dessen Wirkungen man noch nicht kannte, und als man sie zu kennen begann, hatte die öffentliche Meinung sich schon gefestigt. 2. Weil die Tragödie in ihren Ursprüngen etwas Heiliges hatte, wurden ihre Darsteller mehr als Priester denn als Possenreisser angesehen. 3. Da die Themen aller Stücke den nationalen Altertümern entnommen waren, die die Griechen anbeteten, sahen sie in denselben Schauspielern weniger Leute, die Fabeln aufführen, als gelehrte Bürger, die ihren Mitbürgern die Geschichte des Landes vor Augen halten. 4. Dieses Volk, das sich an seiner Freiheit bis zu dem Glauben berauschte, daß die Griechen die einzigen von Natur freien Menschen seien, erinnerte sich mit lebhaftem Vergnügen seiner früheren Mißgeschicke und der Verbrechen seiner Herren. Diese großen Gemälde belehrten es unaufhörlich, und es konnte sich einer gewissen Achtung vor den Organen dieser Belehrung nicht erwehren. 5. Weil die Tragödie nur von Männern gespielt wurde, gab es auf ihren Theatern nicht die skandalöse Vermischung von Män-

---

52. Rousseau, *Schriften*, I, S. 411.

nern und Frauen, die aus den unseren ebenso viele Schulen der
schlechten Sitten macht. 6. Schließlich hatte ihr Schauspiel
nichts von der Dürftigkeit unserer Schauspiele. Ihre Theater
waren nicht auf Geldgier und Eigennutz errichtet, sie waren
nicht in dunkle Gefängnisse eingesperrt, ihre Schauspieler hatten
es nicht nötig, von den Zuschauern Geld zu nehmen oder
aus dem Augenwinkel die Leute zu zählen, die sie durch die Tür
hereinkommen sahen, um eines Abendessens sicher zu sein.
Diese großen und herrlichen Spiele wurden unter freiem Himmel
vor den Augen einer ganzen Nation gegeben und boten
überall nur Kämpfe, Siege und Preise, also was die Griechen mit
brennendem Eifer zu erfüllen und ihren Herzen Verlangen nach
Ehre und Ruhm einzuflößen vermochte. Und mitten in dieser
eindrucksvollen Veranstaltung, die die Seele erhob und bewegte,
teilten die von gleichem Eifer erfüllten Schauspieler je
nach ihrem Talent die Ehre mit den Siegern der Spiele, oft den
ersten Männern der Nation. Ich bin nicht überrascht, daß ihr
Beruf, in dieser Weise ausgeübt, sie nicht nur nicht erniedrigte,
sondern ihnen jenen mutigen Stolz, jene edle Selbstlosigkeit verlieh,
die den Schauspieler manchmal zu seiner Rolle zu erheben
scheint. Trotz alledem wurde Griechenland mit Ausnahme
Spartas nie als Beispiel für gute Sitten genannt, und Sparta, das
kein Theater duldete, brauchte sich nicht zu hüten, diejenigen,
die in ihm auftraten, zu ehren.[53]

Zweifelsohne täuscht sich Rousseau: In Sparta gab es, wird
man ihm mitteilen, sehr wohl ein Theater, und er wird das im übrigen
einräumen.[54] Was ihm aber wichtig ist, wenn er Sparta

---
53. Ebd., S. 412f.
54. Vgl. die Notiz von Jean Rousset in: Rousseau, Œuvres, V, S. 1350, Nr. 2:
Rousseau erhielt zu diesem Thema einen Brief von J.-D. Le Roy, dem Autor von:
Les Ruines des plus beaux monuments de la Grèce (1785), wo das Theater von
Sparta aufgeführt war.»Es besteht sogar noch zu einem großen Teil, und Pausanias
und Plutarch sprechen davon [...].« Die Antwort von Rousseau vom
4. November 1758:»Ich danke Ihnen, Monsieur, für ihre Güte, mich auf meinen

nennt und es dabei Athen entgegensetzt, ist, ein reines Griechenland vor jeder Anklage der Unmoral zu retten. Die Erwähnung Spartas am Ende dieser buchstäblich *erhabenen* Seite erfolgt *gerade*, um zu unterstreichen, daß *selbst* in Athen das Theater nicht »reines Theater« war, und um bei der gleichen Gelegenheit das Terrain für das »Bürgerfest« am Ende zu markieren – die Vorkehrung ist sicher nicht nutzlos –, dessen Modell offen das lakedämonische sein wird.[55]

Das Wort *erhaben* ist mir nicht »hineingerutscht«; und ich habe es nicht allein deswegen gebraucht, weil hier von *Erhebung [élévation]* die Rede ist (*heben**, *erheben**, *erhaben**, usw.), was bereits dafür ausreichen würde. Vielmehr ist der Grund, daß in dieser Reihe vorgebrachter Argumente, bei der schlußfolgernden Nennung dieser großen und *erhabenen* (das muß man unterstreichen) Schauspiele, »die unter freiem Himmel vor den Augen einer ganzen Nation« gegeben wurden, das Wesentliche das Folgende ist – es handelt sich um das vierte Argument: »Dieses Volk, das sich an seiner Freiheit bis zu dem Glauben berauschte, daß die Griechen die einzigen von Natur freien Menschen seien, erinnerte sich mit lebhaftem Vergnügen seiner früheren Mißge-

---

Schnitzer in bezug auf das Theater von Sparta aufmerksam zu machen [...]. Ich bitte Sie um die Erlaubnis, von Ihrem Brief in einer meiner anderen Ausgaben Gebrauch zu machen« [...]. Das geschah durch die Herausgeber von 1781. »Aber gewiß nicht durch die Mehrzahl der neueren Herausgeber...«
55. Die Vorkehrung ist aus dem einfachen Grund nicht nutzlos, als die spartanischen Tänze die Nacktheit und vor allem die geschlechtliche Mischung der jungen Leute voraussetzen, als bei den Festen der Gebrauch des Weines bei weitem nicht verboten ist... Ebenso wie Rousseau »Rigorist« ist, wenn es sich um Schauspieler und vor allem um (»moderne«) Schauspielerinnen handelt, ebenso plädiert er zwischen den Geschlechtern zugunsten einer Beziehung ohne »Verschleierung«, ohne *Hypokrisie* (»denn alles, was moralisch böse ist, ist auch politisch böse«. Rousseau, *Schriften*, I, S. 445) gemäß den Neigungen und den Gefühlen, den Emotionen des Körpers oder der Seele: des Herzens und natürlich im Blick auf die Heirat. Daher die Verteidigung der (populären) Bälle, die einen so großen Skandal auslöste. Selbst das militärische Fest (das des berühmten Regiments von Saint-Gervais, ebd., S. 472ff.) schloß die Frauen nicht aus, im Gegenteil.

schicke und der Verbrechen seiner Herren.«⁵⁶ Ein reines Paradox: dieses freiheitstrunkene Volk, gewiß das erste – und vielleicht das einzige – Volk-Subjekt der Geschichte, *autonom* und als solches seiner selbst bewußt, aber *besessen* von der Freiheit, Beute von einer Art Raserei oder freiheitlicher *mania* (der »Wahn« der Griechen, es ist das Wort Platons: Hölderlin und Nietzsche werden versuchen, auf dem Weg, wie er hier wiedereröffnet wird, sein Geheimnis zu durchbrechen). Dieses Volk empfand das lebendigste Vergnügen – Freude oder Genuß – bei der *Präsentation* und bei der *Rememoration*, d.h. beim *Gedanken* (*mens, memoria, denken*, andenken** usw.) des Schreckens der Zeit seiner Unterwürfigkeit. Das Schauspiel dieses Schreckens war nicht nur *köstlich [délicieux]*, im buchstäblichsten Sinn (den Burke festhalten wird), es gab auch zu denken, wie Kant in bezug auf das Erhabene sagen wird – hier die Idee von Freiheit selbst; es *belehrte* in dem Sinne, in dem man beispielsweise von einer »ästhetischen Erziehung des Menschen« sprechen kann: Seine Gewalt zur *Befreiung* und zur *Erhebung* (das ist dasselbe) war streng *mathematisch*. Um es anders zu sagen: Die Tragödie *reinigte* die fanatische und fatale oder »schicksalhafte« Freiheit, die bei den Griechen unmittelbar aus ihrer *Negation* hervorgegangen war, bis auf ihr Wesen: hervorgegangen aus der *Tyrannei*, wie nach Rousseau das ganze Jahrhundert bis zum Umsturz (zur *Umkehrung**, wie Hölderlin sagt), der ihr Ende besiegelt, wiederholen wird, bis zur *Revolution*, oder wenn man will – aber ich werde an anderer Stelle davon sprechen – bis zur »Peripetie«. Weil Hölderlin Rousseau gelesen hatte, wird er den Titel des Sophokles mit *Ödipus der Tyrann* übersetzen, und aus der *Antigone* wird er ein »republikanisches« Stück machen.⁵⁷

Die *katharsis* hat die Form der *Aufhebung** (die Reinigung die Form der Ablösung *[relève]*): *aufheben** auf jeden Fall »über-

---

56. Ebd., S. 413.
57. Ich erlaube mir, hier auf meine eigenen Versuche zu Hölderlin hinzuweisen, insbesondere auf *Metaphrasis / Das Theater Hölderlins*, Freiburg, 2001.

setzt« *kathairein* – ich liefere sehr bald den Beweis. Aber diese *Übersetzung*, mit der die ganze Zukunft der Philosophie ins Spiel kommt, wird nicht allein möglich aufgrund der Tatsache, daß Rousseau die dialektische Logik selbst, ohne sie als solche zu formalisieren, als die Logik des Bezugs zwischen der »Natur« und ihrem (oder ihren) anderen eingeführt haben wird. (Er selbst, ebenso wie ein wenig später Diderot, sprach nur von einem Paradox und gründete selbst seinen anspruchsvollsten Diskurs nur auf die Figur des Oxymorons). Es war darüber hinaus nötig, daß Rousseau diese Logik auf das Beispiel der attischen Tragödie übertrug und daß er aus Griechenland eine *historiale Ausnahme* machte.

So erklärt sich, daß die Reinigung, die hier im Spiel ist, zuallererst *die Reinigung Griechenlands selbst* ist (dieses kleinen stolzen Volkes, verächtlich und kriegslüstern, wie Nietzsche etwa sagen wird). Eine viel kühnere Reinigung übrigens – aber wußte das Rousseau? – als diejenige, die die Deutschen allzu leicht seinem Zeitgenossen Winckelmann zuschreiben, sei es auch nur, weil es sich um eine *wirkliche* Reinigung handelt, die vor dem Schrecken und der Demenz nicht zurückweicht, sondern ihnen ins Auge sieht, vor ihnen nicht erschrickt, sie aushält... Die Reinigung Griechenlands besteht in der Negation seiner Negativität. Sie verdichtet sich und tritt ans Tageslicht in der Formel: *das Theater der Griechen war nicht »[reines] Theater«*, dieser Formel, die Heidegger selbst auf schlafwandlerische Weise bis in die Jahre 1930 hinein wiederholt, wobei er denkt, sie komme von Hegel.[58]

---

58. In der ersten Version der Vorträge »*Der Ursprung des Kunstwerks*«, so wie sie E. Martineau publiziert hat (a.a.O.), kann man die »gröbste« (oder brutalste) Umschrift dieser Formel lesen. Heidegger hat das berühmte Beispiel vom griechischen Tempel vorgestellt, das den Bezug zwischen »Erde« *(physis)* und »Welt« *(technè)* »illustrieren« soll.: »Tout ici est *renversé* [Hervorhebung von mir: *Alles ist da umgekehrt**]. Der Tempel gibt in seinem Dastehen den Dingen erst ihr Gesicht und den Menschen erst die Aussicht auf sich selbst...« [vgl. Heidegger, *Holzwege*, GA 5, S. 29; der franz. Text unterschlägt »den Menschen«; A.d.Ü.]. Kurz: die *technè* enthüllt die *physis*. Er fügt hinzu: »So steht es auch mit dem Bildwerk des Gottes. [...] Es ist kein Abbild, damit man an ihm

Aber diese eigentlich *apophatische* Formel kann von da an ungefähr für alles gesagt werden: wenigstens ungefähr für alles, was von der Kunst oder der Kultur kommt, wenn man das hier zu sagen wagt, von der *technè* allgemein, von dem, was aufs erste wie »hinzugefügt« erscheint (es ist die »Ergänzung« *[supplément]*), als nicht wirklich präsent ist, als fabriziert, reproduziert, delegiert usw. Es ist im Grunde die *sokratische Leichtigkeit*. Und tatsächlich, Rousseau hat Platon richtig gelesen. Aber im Augenblick, wo er ihn wieder beibringt (vergessen wir nicht, daß diese »Rehabilitierung« Griechenlands eingefügt ist in eine lange – und platonische – Ausführung über die *Hypokrisie* selbst, über die falsche und schädliche, die ansteckende »Kunst« des Schauspielers[59]), *stürzt* er Platon eigentlich *um* und eröffnet so, was man

---

leichter zur Kenntnis nehme, wie der Gott aussieht [– das weiß keiner –], aber es ist ein Werk, das den Gott selbst anwesen läßt …« Dann schließt er an: »Dasselbe gilt vom Sprachwerk. In der Tragödie wird nichts auf- und vorgeführt, sondern der Kampf [wir befinden uns im Jahr 1935] der neuen Götter gegen die alten wird gekämpft…« Vgl. dazu Hegel, *Grundlinien der Philosophie des Rechts*, Artikel über Naturrecht, *Phänomenologie des Geistes,* Kapitel: Die Sittlichkeit…, *Die Eumeniden, Antigone:* man kennt die Schlacht des neuen Rechts gegen das alte, der Nacht gegen den Tag, der *agora* gegen das *oikos*, des Mannes *(anèr)* gegen die Frau (siehe das fünfte Argument von Rousseau), die Schlacht der Demokratie gegen die Tyrannei, der Freiheit gegen die Unterwürfigkeit: Hegel, gewiß; aber zuvor Rousseau. Die Leugnung dieser Dankesschuld bei Heidegger ist zumindest politisch klar.
59. Die Rehabilitierung Griechenlands ist, wie Rousseau sagt, eine »Abschweifung« *[digression]*. Sowie sie beendet ist (»Kehren wir zu den Römern zurück, die in diesem Punkt dem Beispiel der Griechen ganz und gar nicht folgten, sondern ein ganz entgegengesetztes Beispiel gaben.« Rousseau, *Schriften*, 1, S. 414), greift Rousseau seine »platonische« Aufgabe gegen die Schauspieler wieder auf: Es folgt die sehr berühmte Passage, auf die Diderot Wort für Wort zu antworten versucht (ich erlaube mir einmal mehr auf *Die Nachahmung der Modernen,* a.a.O., und dort auf den Essai: *Diderot, Paradox und Mimesis* zu verweisen): »Was ist das Talent des Schauspielers? Die Kunst, sich zu verstellen, einen anderen als den eigenen Charakter anzunehmen, anders zu erscheinen, als man ist, kaltblütig sich zu erregen, etwas anderes zu sagen, als man denkt, und das so natürlich, als ob man es wirklich dächte« und endlich seine eigene Lage dadurch zu vergessen, daß man sich in die eines anderen versetzt…« – Damit ist es nicht zu Ende: Es bleibt noch, die Käuflichkeit und die Korruption der Schauspieler anzuklagen, die Händlerwirtschaft des Theaters,

das philosophische Theater der Zukunft nennen könnte, wo die
Negation des Platonismus unaufhörlich seine Verifikation ist.
Tatsächlich scheint Rousseau gewußt zu haben, daß Platon den
Staat im Jahr 385 geschrieben hat, im selben Jahr, in dem die
Tragödie zu existieren aufhörte, auf jeden Fall als das, was sie gewesen
war: Wettstreit *(agôn)*, einzige Vorstellung, Dionysoskult,
quasi obligatorisches Fest oder Zeremonie, dem Jahr, in dem
überall in Griechenland (auch außerhalb von Attika) man anfing,
ein »Repertoiretheater« einzurichten, das dazu bestimmt war, die
»Klassiker« von Äschylos bis Euripides wiederaufzuführen. Auf
dieses *Theater (ta theatra)* genau bezog sich fünfzig Jahre später
die Lehre des Aristoteles. Also letztlich auf »etwas Spätes«.

Aber, und das ist Rousseaus glänzende Intuition, es existiert *ein
anderes Griechenland*, ein vorplatonisches oder, wie man leichthin
sagt, ein »vorsokratisches«, ein in *absolutem Sinn vorausgehendes*
und folglich *rein archaisches*. Und es birgt in seiner nativen
ursprünglichen Vollkommenheit selbst seine Negation: die
hellenistische »Dekadenz«, die Romanisierung, am Ende das
Christentum – das die falsche Ablösung dafür ist oder – was dasselbe
bedeutet – die Erneuerung *als Negativ* und eine gewisse
Verschlimmerung.[60] Es handelt sich ganz einfach um ein neues

---

die Usurpation sozialer Rollen (sich »als Könige« verkleiden), die Täuscherei
und den Illusionismus. Aber, wie man weiß, ist der entscheidende Anklagepunkt,
daß »eine Mischung aus Niedrigkeit, Falschheit, von lächerlichem Dünkel
und würdeloser Gemeinheit [...] den Schauspieler befähigt, alle Arten von
Rollen zu spielen außer der edelsten, die er aufgibt, außer der des Menschen«.
Im Unterschied zum Redner »stellt er andere Überzeugungen als seine eigenen
zur Schau, sagt nur, was man ihn sagen läßt, stellt oft Chimären dar und verneint
sich sozusagen, vernichtet sich in seinem Helden, und wenn von ihm etwas
übrigbleibt, soll das die Zuschauer belustigen.« (Rousseau, *Schriften*, 1,
S. 415f.). Indem der Schauspieler so *die Negation* des Menschen ist, ist er, d.h.
die »theatralische« *mimesis*, der Index der *Negativität* im Menschen – die letzten
Rousseauisten würden heute für »theatralisch« sagen: »(händlerisch) spektakulär«;
eingeschlossen in bezug auf die Ware, hätte Rousseau zugestimmt –.
Genau *diese* Negativität soll das Beispiel des nicht theatralischen Theaters der
Griechen auf ideale Weise »aufzuheben« helfen.
60. In bezug auf das Christentum bleibt Rousseau offensichtlich sehr umsichtig.
Aber auf all diesen Seiten ebenso wie am Anfang des *Briefes* ist sein Ansich-

exemplum: Rousseau »erfindet« (d.h. deckt auf), was wir heute eine »andere Szene« nennen. Aber sie ist gerade noch keine *Szene* und wird es in der Zukunft nicht mehr sein, obwohl sie die Möglichkeit dazu in sich trägt: die Gefahr.[61]
Im Grunde installiert diese Seite, wo die erste (platonische) Umkehrung des Platonismus zu lesen ist, und zwar dauerhaft, den modernen *Mythos* Griechenlands: in der Tat eine vollkommen *philosophische Bühne*. Zweifellos fehlen diesem früheren Griechenland oder, was auf dasselbe hinausläuft, dieser vortheatralischen Tragödie noch viele Elemente, die hinzuzubringen erst die deutschen Philologen sich zur Aufgabe machen werden: den Chor, die beiden Räume (die *orchèstra* und die *skènè*), die Musik, die beiden Sprachen, den Dionysoskult, das matrizielle Oxymoron der Dramen oder der tragischen Namen (Ödipus: derjenige, der, nachdem er gesehen hat, weiß; Antigone: die geborene Gegnerin, oder die »Frau gegen«, um nur die vorrangig gewordenen Beispiele festzuhalten), den Enthusiasmus und die Nüchternheit, die Trunkenheit und den Traum, den undarstellbaren Schrecken und die Figur, die Erinnyen und Athena, Apollo und Juno (oder Dionysos und Apollo), die beiden Gesetze (der Nacht und des Tages, des Blutes und des *Logos*), den geschlechtlichen Unter-

---

halten, genauer seine Feindschaft offensichtlich. Gegenüber Rom und den Kirchenvätern jedenfalls: Protestantismus verpflichtet.
61. Der Übergang vom »noch-nicht« zum »nicht-mehr-in der Zukunft« oder die Gleichsetzung bietet, wenn auch sehr naiv, bereits das Schema für das Gesetz der *Geschichtlichkeit*, so wie Heidegger sie formalisiert, indem er Nietzsches Konzeption von der »monumentalischen Geschichte« *wiederholt* (d.h. radikalisiert). (Vgl. in: *Die Nachahmung der Modernen*, a.a.O.: »Geschichte und *mimesis*«). In aller Strenge will das Gesetz der Geschichtlichkeit, daß das Nicht-geschehene im Geschehenen (im Vergangenen) die Möglichkeit – oder das Versprechen – des Zu-geschehenden (des Künftigen) anbietet. Wenn Rousseau an das (kantonale) Bürgerfest glauben konnte – ich komme gleich darauf zurück –, so ist er dennoch nicht so sicher, wie Heidegger an Nürnberg oder an die Spiele von 1936, d.h. an die *Inszenierungen* von Leni Riefenstahl, geglaubt hat... (Unter diesem Gesichtspunkt müßte man die Revolutionsfeste analysieren – die Feste der Vernunft, des Höchsten Wesens usw. – mit denen David beauftragt war. Aber hier ist nicht der Ort dafür).

schied, usw. Zweifellos ist auch das Griechenland Rousseaus zu »politisch«, d.h. zu republikanisch oder demokratisch (und am Ende zu spartanisch): Schauspieler, die lediglich kundige Bürger sind oder Staatsmänner, die man nicht als Komödianten wahrnimmt, sondern vielmehr als die Offizianten einer »bürgerlichen Religion«, das sozusagen mnemotechnische Wiederkäuen des Gegensatzes zwischen Herrschaft und Knechtschaft, die Begeisterung über die »nationalen Altertümer«, das »Theater« als bürgerliche Unterweisung, die Unentgeltlichkeit der Staatskunst..., all das wird vielleicht Schiller noch ein bißchen gefallen, aber nachdem Napoleon vorüber ist (und Rom wiedererrichtet), praktisch keinem seiner Nachfolger, ausgenommen Marx. Das ändert nichts daran, daß Rousseau wohl der erste war, der – indem er sich ereifert, die tragische *Wirkung*, d.h. die kathartische Operation verstehen zu wollen – versuchte, das »frühere« Griechenland (die Tragödie) als den Ort eines fundamentalen *Antagonismus* zu denken: jenen Ort selbst, den der Widerspruch – oder das Paradox – der tragischen Wirkung als *Sublimation* zugleich verschleiert und enthüllt, die durch die (Re)präsentation des Schreckens provozierte Freude, die nichts anderes ist als das Paradox der freien Freude, die bei der (Re)präsentation der undarstellbaren Freiheit erfahren[62] oder provoziert wird, um das Vergnügen zu übersetzen, das bei der Denunziation einer uralten Unterwürfigkeit aufkommt. Es ist im übrigen keinerlei Zufall, wenn Rousseau, indem er diesen Antagonismus hervorhebt, an dieser Stelle auf der *agonistischen* Kultur der Griechen besteht. Sie ist glücklicherweise Athen und Sparta gemeinsam, und zwar im »Theater« und bei den Spielen, bei der heiligen Zeremonie und der festlichen Vereinigung: »Diese großen und herrlichen Spiele [...] bo-

---

62. Es ist zweifellos richtig, wie R. Dupont-Roc und J. Lallot es unterstreichen, daß nichts dazu berechtigt, in der aristotelischen Analyse der *mimesis* (*Poetik*, 4) *bereits* eine Theorie des Erhabenen zu sehen. Nichtsdestoweniger organisiert sich die sogenannte Theorie des Erhabenen *von* Longin *an* fast explizit als eine Paraphrase zu Aristoteles. Ich habe anderswo einige Worte darüber gesagt (»La vérité sublime« in: Jean-Luc Nancy (Hg.), *Du sublime*, Paris, 1987).

ten überall nur Kämpfe, Siege und Preise, also was die Griechen mit brennendem Eifer zu erfüllen und ihren Herzen Verlangen nach Ehre und Ruhm einzuflößen vermochte. Und mitten in dieser eindrucksvollen Veranstaltung, die die Seele erhob und bewegte...«[63] Und es ist auch kein Zufall, wenn das Bürgerfest, das so fruchtbar war, die »reine Freude« zu erzeugen, welche die einzige »allgemeine Freude«[64] ist, d.h. – einmal mehr reines Oxymoron – ein *populär-aristokratisches* Fest ist, wo sich jeder in seinem eigenen Beruf und an seinem richtigen Platz (*one man, one job*, wie Leo Strauss sagte) übt, dank eines gesunden Wettstreits »der König« – »der Armbrust, der Kanone, der Schiffahrt« zu werden und sich hervorzutun, *in dem (und als das), was er ist* zum größten Vergnügen und dem Höchsten Gut der Gemeinschaft.

Man kennt zweifellos allzu gut – und sei es auch nur, weil man viel darüber gelacht hat – jenes sehr berühmte, halb realistische (beschreibende), halb utopische (fiktive, »projektive«) »Stück«, wo Rousseau sich nach dem republikanischen Fest sehnt. Ich entschließe mich trotzdem, es zu zitieren, sei es auch nur, um, wo es geboten erscheint, die Remanenz des platonischen (oder

---

63. Rousseau, *Schriften*, 1, S. 413.
64. Es handelt sich da – man erinnert sich – um die Schlußformel der beinahe letzten Anmerkung des *Briefes*, wo Rousseau an die Episode mit dem »Regiment von Saint-Gervais« erinnert, und die ich bereits erwähnt habe (man könnte ihr fast den Titel geben: »Eine Kindheitserinnerung von Jean-Jacques«): nach dem Exerzieren, der Ball der Leute, die Militärmusik, die Teilnahme der Frauen (zunächst »Zuschauerinnen«. Sie hielten es nicht mehr aus und stiegen hinab) und der »Kinder«, die allgemeine Rührung«, der testamentarische Satz des Vaters, den ein »Schauer« ergriffen hatte, den Rousseau immer noch zu »fühlen« und zu »teilen« glaubt: »Jean-Jacques [...], liebe deine Heimat« – all das mündet in die *Lektion*: »Ich fühle wohl, daß dieses *Schauspiel* [ich unterstreiche], das mich so bewegt hat, tausend andere gleichgültig gelassen hätte: man muß Augen haben, um es zu sehen, und ein Herz, um es zu fühlen. Nein [muß man das unterstreichen?], es gibt keine *reine* Freude [hier unterstreiche ich] außer der *allgemeinen* Freude, und die wahren Empfindungen der *Natur* regieren nur das *Volk* [ich unterstreiche erneut, das ist unvermeidlich]. O Würde, Tochter des Stolzes und Mutter der Langeweile, hatten deine traurigen Sklaven jemals in ihrem Leben einen ähnlichen Augenblick?« (Rousseau, *Schriften*, 1, S. 473). Deutlicher kann man nicht sein...

ganz einfach des griechischen) Vokabulars und den strikten begrifflichen Apparat, die Macht der Kohäsion, die es regieren, zu unterstreichen. Politisch gesehen kennt man die Konsequenzen – oder glaubt, sie zu kennen – d.h. die »Anwendungen«, für die dieser Text die Ursache oder die Gelegenheit bot. Philosophisch bin ich nicht sicher, daß es sich ebenso verhält. Und gewisse Wirkungen sind vielleicht wie immer unkalkulierbar.[65] (Wenn ich verschiedentlich einige Schnitte vornehme, so – wie Rousseau sagen würde – aus Gründen der reinen *Ökonomie*. Man möge diese entschuldigen.)

Wie? Soll es in einer Republik denn gar kein öffentliches Schauspiel geben? Im Gegenteil, man braucht sogar viele. In den Republiken *wurde das Schauspiel geboren, in ihrem Schoß sieht man es wie ein wahrhaftes* Fest *blühen. Zu welchen Völkern paßt es mehr,* sich *oft zu versammeln und untereinander die sanften* Bande *des Vergnügens und der Freude zu knüpfen, als zu denen, die so viele Gründe haben,* sich zu lieben *und für immer vereint zu bleiben? Wir haben bereits eine Reihe öffentlicher Feste, laßt uns davon noch mehr haben, ich werde um so entzückter sein. Aber laßt uns nicht diese sich* abschließenden *Schauspiele übernehmen, bei denen* eine kleine Zahl von Leuten *in einer dunklen* Höhle *trübselig* eingesperrt *ist, furchtsam und unbewegt in Schweigen und* Untätigkeit *verharrend, und wo den Augen nichts als Bretterwände, Eisenspitzen, Soldaten und* quälende Bilder der Knechtschaft und Ungleichheit *geboten werden. Nein, glückliche Völker, nicht dies sind eure Feste!* In frischer Luft *und* unter freiem Himmel *sollt ihr euch versammeln und dem Gefühl eures Glücks euch überlassen. Eure Vergnügungen seien weder* verweichlicht, *noch* kommerziell, *damit nichts, was nach* Zwang *oder* Interesse *riecht, sie vergifte,*

---

65. Ich beziehe mich hier auf die inzwischen klassischen Lektüren von Jean Starobinski, *Rousseau. Eine Welt von Widerständen*, Frankfurt/Main, 1993 (Paris, 1971) und von Jacques Derrida, *Grammatologie*, Frankfurt/Main, 1974 (Paris, 1967).

damit sie frei *und* hochherzig *seien wie ihr, damit* die Sonne *euer* unschuldiges *Schauspiel beleuchte,* sollt ihr selbst eines sein, *das* würdigste *Schauspiel, auf das die Sonne scheinen kann.*
Was werden aber schließlich die Gegenstände dieses Schauspiels sein? Was wird es zeigen? Nichts, wenn man will. Mit der Freiheit herrscht überall, wo viele Menschen zusammenkommen, auch das Wohl-befinden. *Pflanzt in der Mitte eines Platzes einen mit Blumen bekränzten Baum auf,* versammelt dort das Volk, *und ihr werdet ein Fest haben.* Oder noch besser: stellt die Zuschauer zur Schau, macht sie selbst zu Darstellern, sorgt dafür, daß ein jeder sich im andern erkennt und liebt, daß alle besser miteinander verbunden sind. *Ich brauche mich nicht auf die* Spiele der alten Griechen *zu berufen, es gibt* neuere, *es leben noch heute welche, und ich finde sie mitten unter uns. Wir haben alle Jahre Musterungen, öffentliche Wettbewerbe, und im Armbrust- und Geschützschießen, sowie im Segeln werden* Könige *ermittelt.* Man kann so nützliche *und* angenehme Veranstaltungen gar nicht genug vermehren, man kann gar nicht genug von solchen Königen haben. *Warum tun wir nicht, um uns zu ertüchtigen und zu stärken, eben das, was wir tun, um uns in den Waffen zu üben? Hat die Republik Arbeiter weniger nötig als Soldaten? Warum schaffen wir nicht nach dem Vorbild der militärischen Preise andere* gymnastische Wettbewerbe *im* Ringen, *im Wettlauf, im Diskurswerfen und verschiedenen anderen Leibesübungen? Warum begeistern wir unsere Segler nicht für* Regatten *auf dem See? [...] Solche Spiele kosten nicht mehr, als man will, und der* Wettstreit *allein macht sie prächtig genug. Indessen muß man ihnen unter Genfern beigewohnt haben, um zu begreifen, mit welchem Feuer man sich ihnen überlassen kann. Die Genfer* sind dann nicht wiederzuerkennen, *es ist nicht mehr das so solide Volk, das nie von seinen* sparsamen Grundsätzen *abgeht [...] Auf einmal ist der Genfer lebhaft, fröhlich, zärtlich, er hat das Herz in den Augen, wie er es immer auf der Zunge trägt, er brennt darauf, seine*

Freude, *sein* Vergnügen mitzuteilen *und auszutauschen. [...]* Aus vielen Gesellschaften wird eine einzige, alles wird allen gemeinsam. *[...] Es wäre ein Bild [...] Spartas, wenn nicht ein wenig mehr* Fülle *herrschte. Doch selbst diese Fülle ist angemessen, und der Anblick des Überflusses macht den der Freiheit, die ihn hervorbringt,* noch rührender.[66]

Es wäre gewiß erforderlich, zu dieser Seite einen »ökonomischen Kommentar zu liefern« (oder einen sozio-ökonomischen, das ist unmißverständlicher). Ebenso wäre erforderlich gewesen, bei der Präsentation dieses Festes – und seiner Fortsetzung, der nächtlichen Episode, dem Ball –, die äußerst langen Ausführungen, die Rousseau der »Frauenfrage« und der gesellschaftlichen Aufteilung der Geschlechter[67] widmet, mit einzubeziehen. Das ist hier kaum möglich, wo ich, wenn eine solche Abgrenzung über-

---

66. Ebd., S. 462ff. [In Hinsicht auf Lacoue-Labarthes Hervorhebungen leicht veränderte Übersetzung; A.d.Ü.]. Jean Rousset hat zweifellos recht zu sagen, daß die lange Anmerkung, die Rousseau an das Wort »nützliche« Veranstaltungen anschließt, sich zunächst an die Genfer Bourgeoisie richtet: »die herrschenden Familien, Mitglieder der Ratsversammlungen, Ratsherren«, die die Kosten und die schädlichen Auswirkungen der Schauspiele und der Feste bei den niederen »Klassen« fürchteten (Rousseau, Œuvres, V, S. 1376, n. 2). Aber ihrem Prinzip selbst nach, das ein streng platonisches ist, ist ihre Bedeutung eine viel allgemeinere. In ihr wird klar gesagt: 1. daß die Annehmlichkeit ebenso wie das Brot für das Leben des »Volkes« wie für die »Grundlage des Staates« notwendig ist; der gesunde Wettstreit und die Zerstreuung verhindern keineswegs, »daß ein jeder sich in seinem Stand *wohl fühlt*«, im Gegenteil: die Rivalität kommt aus der »Unzufriedenheit«, »alles kommt durcheinander, wenn einer die Stelle des anderen erstrebt«; 2. daß das »Vergnügen« in nichts der Arbeit schadet, sondern sehr gut mit ihr zusammen gehen kann, zum allergrößten Nutzen von allen (das Beispiel der Bergbewohner hatte es bereits gezeigt): »Wenn das Volk nur die Zeit hat, sein Brot zu verdienen, so braucht es auch Zeit, es mit Genuß zu essen, anders wird es bald die Lust verlieren, es zu verdienen [...]; bietet ihm Vergnügungen, die es seinen Stand lieben lehren und es davon abhalten, sich einen milderen zu wünschen.« [Rousseau, *Schriften*, I, S. 463; Übersetzung modifiziert; A.d.Ü.]. Sollte einem entgangen sein, daß diese Regel so oft überschritten wurde...
67. Sarah Kofman hatte diese Frage in Angriff genommen in: *Respect des femmes*, Paris, 1996.

haupt vorgenommen werden kann, allein der Frage nach dem Theater nachgehen möchte, oder vielmehr von nun an der Frage nach seiner Ablösung, nach seiner *Aufhebung**. Man erkennt es ohne Schwierigkeit: der Himmel, draußen, der Sonnenschein, die Verherrlichung (um nicht zu sagen: »der Kult«) der Freiheit, der verallgemeinerte *agôn* (Wettkampf und Wettbewerb, Wettstreit, Triumph der Besten), usw.; all das ist die griechische Tragödie, aber die griechische Tragödie *abzüglich der Szene*, d.h. abzüglich *jener* Keimelemente dessen, was zu »Theater« wird – oder »Oper«: Bühne und Orchester, Schauspiel und Zuschauer. Ich sage in der Tat die »Szene« im modernen (italienischen) Sinn des Wortes, um einerseits zu vereinfachen oder aus Bequemlichkeit, und um andererseits nicht zu sagen die »Repräsentation«. Denn es gibt beim Fest oder dem Schauspiel (Rousseau hält nicht aus Verbohrtheit oder, weil ihm nichts Besseres einfällt, an diesem Wort fest) *Repräsentation*, sei es auch nur in der Form der *Selbstrepräsentation*: Repräsentation von *nichts*, sagt Rousseau, wenn nicht den Zuschauern selbst.

Die *mimesis* von *nichts* (oder von *niemandem*, wenn es nicht des Besten von *sich* ist und in *sich*), das ist das *Spiel* (noch einmal Schillers *Briefe über die ästhetische Erziehung des Menschen*: der Mensch »ist nur da ganz Mensch, wo er spielt«[68]). Das ist übrigens der Grund dafür, daß das »Denkmal« der Griechen nicht Athen, sondern Sparta ist – sollte es in Sparta auch ein Theater gegeben und dieses Theater durch die Römer in Stein auch (wieder) aufgebaut worden sein... Das Dispositiv für das Spiel, oder für die Spiele, ist *fast* ein *Null*-Dispositiv; ich sage nicht: ein Dispositiv ohne Dispositiv. Es bedarf nur gerade eines *Zeichens*, das anzeigt, daß das Fest stattfinden wird (des Pfostens, der auf einem Platz eingepflanzt wird und um den herum sich das Volk versammelt) oder daß der Wettstreit eröffnet ist: In der Regatta,

---

68. Friedrich Schiller, *Über die ästhetische Erziehung des Menschen in einer Reihe von Briefen* (Fünfzehnter Brief) in: *Sämtl. Werke*, V, München, 1967, S. 618.

die Rousseau sich auf dem See vorstellt, – eine Passage, die ich nicht zitiert habe[69] (aber sie ist jedem im Gedächtnis) – ist es »die am Ziel gehißte Flagge«. Es wird nicht gesagt, wenigstens nicht explizit, wer diese Feste anordnet: zweifellos ein Rat, die Ratsherren der Stadt, aber sie werden nirgendwo erwähnt. Damit das Fest ein »bürgerliches« (politisches) Fest ist, muß es *fast* spontan sein. Eine Übereinkunft muß die Gelegenheit dazu vorsehen. Oder der Brauch wie in der *»Szene«* des Regiments von Saint-Gervais, die gerade keine ist oder *fast* keine. Denn das Fest kann nur, wie Hölderlin sagen wird, »Friedensfest«, *Friedensfeier* sein (Woher dachte Heidegger, der von diesem Gedicht so großes Aufsehen macht, daß Hölderlin dieses Motiv haben konnte?) Der *agôn* ist keineswegs der »Kampf auf Leben und Tod«, der er vielleicht bei den Griechen »im griechischen Augenblick« war, nimmt man die Terminologie Hegels auf. Deshalb erregt er nur die »Freude« des Zusammenseins oder der Wieder-zusammen-kunft, d.h. die Wahrheit des »Vergnügens«, dessen illusorische Erzeugung sich das Theater seit »Aristoteles« zur Regel machte. Und wenn eine solche »Freude« nicht ohne *Blutvergießen [sans effusion]* abgeht, so ist deshalb dieses Blutvergießen nicht auch schon eine *Verschmelzung [une fusion]*, sie untersagt dem einzelnen keineswegs, selbst zu sein. Das Fest ist ganz im Gegenteil ein Fest der Aneignung. Es gibt bei Rousseau ein *Sentimentalisches* im Sinne von Schiller, denn das »poietische« und »auf Praxis ausgerichtete« Regime des (modernen) Subjekts ist ein solches.[70] Aber es gibt nichts »Fusionelles«, noch übrigens etwas, das an

---

69. Rousseau, *Schriften*, 1, S. 463.
70. Noch einmal, man hat es hier nicht allein mit einer ausschließlich »poietischen« und nicht »auf Praxis ausgerichteten« Konzeption des Staates oder des Politischen zu tun, aus der Robespierre und Otto von Bayern hervorgehen würden, Nietzsche und Marx, Lukács und Heidegger, kurz »der realistische Sozialismus« und der Faschismus: ein »moderner« Platonismus. Das existiert in der Tat, aber trotz Hannah Arendt und einigen anderen, nicht bei Rousseau. Trotz der Militärmusik des Regiments von Saint-Gervais – und Sparta –, trotz der sozio-ökonomischen Besorgnis und der Angst vor der Ungleichheit ist keinen Augenblick die Rede von der *Militarisierung* der Gesellschaft.

irgendein *Ins-Werk-setzen* denken ließe: Dieses Fest, das so sehr die eigentlich *technische* Geschicklichkeit verherrlicht, erhebt nicht – d.h. erhebt genau gesagt, *nicht mehr* – den Anspruch von »Kunst«, sondern rühmt im Gegenteil das, was Kant die »wieder Natur gewordene Kunst« nennen wird, d.h. es ist *kaum* Kunst oder es sind »leichte« Künste: ein verzierter Pfosten (später ein »Baum der Freiheit«? Hölderlin, Hegel, Schelling werden es eines Tages glauben), eine bestickte Flagge, ein bißchen Militärmusik, zu der man tanzen kann... Sparta mit Platon, zweifellos. Aber es gibt die Natur dazu: der See zum Beispiel, mit – wenn ich das sagen kann – den Bergen als »Szenenhintergrund«. Und überall eine Zirkulation von Freiheit, die Freude reiner Beziehungen, das Gefühl »süßer Bande«. Denn die Gemeinschaft ist, wenn man sie nicht als ein Kunstwerk aufbaut noch einrichtet, in Wirklichkeit selbst die *Artikulation* der Handelnden oder der glücklichen *Schauspieler*, aus denen sie sich zusammensetzt und die sie genießen. Das ist der Sinn des befriedeten aufgeheiterten *Agôn*, der der Mühsal entzogen ist (und zuerst der Arbeit, dem Schmerz, jeder Gewalttätigkeit), kurz, der *gereinigt* oder *genesen* ist. Diese Genesung, – die *katharsis* selbst – ist das *Naive* (das niemals bestand, vor allem aber nicht am Ursprung), das endlich realisiert, vollendet ist: der Mensch, in seinem ausgeführten oder *beinahe* ausgeführten »Versprechen« (im Sinne von Malherbe).

Dieses »beinahe« oder das »fast«, das *alle* Begriffe, die Rousseau hier gebraucht, oder, die wir als Leser genötigt sind einzusetzen, notwendigerweise modalisiert, bedeutet ganz offensichtlich, daß das »Schauspiel« noch ein Schauspiel ist, daß die Abwesenheit einer Bühne noch eine »Bühne« ist, daß die Spontaneität nicht ohne Code auskommt, daß die »Kunst« noch Kunst ist und die »Naivität« tatsächlich eine Naivität. Ich habe, als es um die Disposition für das Fest ging, versucht, die rhetorische – und syntagmatische – Leichtigkeit des »*sans*« zu übergehen (das nichtsdestoweniger – Jacques Derrida hat uns daran erinnert – »sang«[71]

---

71. »*Sang*«, franz. Blut; A.d.Ü.

geschrieben werden kann): ein Dispositiv *ohne [sans]* Dispositiv zum Beispiel. Das ist, weil diese »Wendung« eine andere *Wendung* verbirgt, oder zu leicht zu »wenden« erlaubt, eine »wirkliche« Wendung, wenn ich so sagen kann: eine *Trope*, eine *Figur* (»aus Wörtern«) – in diesem Fall das *Oxymoron*, das die Beschreibung des Festes fortwährend lenkt und gliedert – wenn es denn eine Beschreibung ist – und das sich in der Antwort verdichtet: »Nichts, wenn man will«, der die Frage vorausgeht: »Was werden aber *schließlich* [Hervorhebung von mir] die Gegenstände dieses Schauspiels sein? Was wird es zeigen?«[72] Und es findet sich wieder in der Formel: »Stellt die Zuschauer zur Schau«, die unmittelbar übersetzt wird mit: »macht sie selbst zu Darstellern« *[Rendez-les acteurs eux mêmes]*. (Das müssen wir *unsererseits* wiederübersetzen mit: Macht sie zu Darstellern *von* ihnen selbst *[rendez les acteurs d'eux-mêmes]*. In diesem Fall, aber leider kann ich darauf nicht eingehen, wäre das Fest außerzeitlich die aufgehobene ekstatische Zeit des Genusses seiner selbst: des Genusses, sich machen zu sehen *[se regarder-faire]* und des reinen Existierens, in innerer Differenz oder Ohnmacht, in »Extimität«, wie Lacan sagt, im innersten Außer-sich-selbst. So kann im Grunde nur im Genuß »selbst« das Sich-singen-hören – des *Versuchs* – liegen oder auf jeden Fall die nicht erfahrene Erfahrung des Todes, woran auf absolut paradoxe Weise der »*Zweite Spaziergang*« der *Träumereien* erinnert.[73] Ich meinerseits würde das Faktum zu sein *[le fait d'être]* hinzufügen. Aber Rousseau hätte das vielleicht bekannt, wenn er wenigstens hätte einräumen können, dieses Problem der inneren Theatralität oder der inneren *Dramatisierung* nicht der augustinischen Frage des Geständnisses oder der Angst davor, genau gesagt der Frage der Redlichkeit und der »Transparenz« zuzuschlagen.)

---

72. Rousseau, *Schriften*, I, S. 462.
73. Ich verweise hier erneut auf meine im Erscheinen befindliche Arbeit über Maurice Blanchot, von der eine Skizze unter dem Titel: »Fidélités« in: *L'Animal autobiographique*, Paris 1998, erschienen ist.

Ich muß mich indes kurz fassen.

Zwei Bemerkungen sind hier nötig.

Die erste besteht darin, daß die Figur, die in dem »Nichts« – von den Lippen her abgemildert durch das »wenn man will« – was Rousseau als die Wahrheit des »Schauspiels« ausgibt (man wird nichts darin zeigen; »*nichts*«[74], die »Sache selbst«, wird da (nicht) als Schauspiel gegeben werden) plötzlich aufblitzt, also das *Oxymoron* die Figur des *Unmöglichen* ist, bevor es die des Widerspruchs ist. Das Fest ist das Unmögliche selbst, wie es die Demokratie im *Gesellschaftsvertrag* sein wird, für die es »eines Volkes von Göttern« bedürfte. Wenigstens..., so wie Hölderlin es, sobald er begonnen hat, die »sehr strenge« Lektion seiner Lektüren zu erfahren, formulieren wird: »Das Unmittelbare, streng genommen, ist für die Sterblichen unmöglich [...] Die strenge Mittelbarkeit ist aber das Gesetz.«[75] Weil das Unmögliche die Notwendigkeit der Ek-sistenz ist, oder wenn man lieber will, die Unmöglichkeit und die Unpraktizierbarkeit dessen, was man bei dieser Gelegenheit die *In-stanz*, genauer die *In-sistenz*, nennen könnte – an sich ebenso wie in der Beziehung zum Anderen –, ist das Unmögliche auch das archi-politische »Gesetz« des Politischen: ein Gesetz vor jedem Gesetz, wie dasjenige, das Antigone anruft, und das höher ist (erhabener) als jedes Gesetz. Ich möchte es hier das Gesetz des *Scheins [semblance]*, oder der *Simulation* ganz allgemein, nennen, welches das Gesetz des Selbst ist: des Seins-selbst, der Sache-selbst, des Selbst-seins und folglich jeden *Bezugs*, welcher er auch sei (angefangen mit dem »Bezug zum Anderen«). Es ist der *archi-nomos* der *mimesis* »selbst«. Eine Art transzendentaler Simulation. Nichts ist gegenwärtig, das nicht auf irgendeine Weise (re)präsentiert wird: das nicht in (Re)präsentation ist. Von da her, um das unmögliche Fest zu sagen, d. h. das unmögliche Ziel der (Re)präsentation, die unvermeidliche Fi-

---

74. Vgl. die Struktur der franz. Verneinung: *ne ... rien* = nicht ... etwas (lat. res/rem).

75. Friedrich Hölderlin, *Pindar-Fragmente*, Das Höchste. In: *Sämtl. Werke*, II, München, 1992, S. 381.

gur des Oxymorons: das Unmögliche ist der reine Widerspruch. Von da auch, daß das anfängliche, das ursprüngliche Oxymoron, das *zôon politikon physei*, das zu brechen oder zurückzuweisen war, sich am »Ende« wiederfindet – wenn das ein Ende ist – in dem, was auf jeden Fall als die letzte Etappe der Dekonstruktion des »Gebäudes« oder des Dispositivs der Theatervorstellung *[représentation]*, der theatralischen *Einrichtung* unterbreitet wird. Und Politik ist dasselbe, aber notwendig auf *verborgene*, mehr oder weniger verborgene Weise, und dennoch völlig sichtbar: ein Volk von Fürsten, eine (arbeitsame) Arbeiteraristokratie, ein befriedeter *agôn*, ein Wettstreit ohne Rivalität, ein Spielraum, der keine Szene ist, ein »nützliches« Fest, usw... Die Dekonstruktion verbirgt in Wirklichkeit mit großer Mühe alles, was sie intakt läßt, d.h. das Wesentliche. Und selbst – *last but not least* – das Geld, das so heuchlerisch in Sicherheit gebracht ist (es gibt bei den Wettkämpfen Preise, und sei es auch nur eine Flagge; die Genfer »Fülle« und der Genfer »Überfluß«, die weder für die Staatssubventionen ausreichen, noch für den Unterhalt eines Theaters, machen »den Anblick der Freiheit«, durch die sie hervorgebracht werden, »noch rührender«). Oder der Krieg, an den *in extremis* mit einem Wort erinnert wird (aber dennoch ohne Sklaverei, Griechenland als Beispiel oder nicht):

Mit bescheidenen Festen und Spielen ohne jeden Prunk rief Spar-ta seine Bürger zurück, jenes Sparta, welches ich nicht genug hervorheben kann für das Beispiel, das wir uns an ihm nehmen sollten. So sehnte sich inmitten der schönen Künste Athens, in Susa im Schoße des Luxus und der Verweichlichung der gelangweilte Spartiate nach seinen ungehobelten Festmählern und ermüdenden Übungen. In Sparta war in fleißigem Müßiggang alles Freude und Schauspiel, dort galten die härtesten Arbeiten als Erholung, wobei der öffentliche Unterricht noch die geringste war. In Sparta weihten die immer versammelten Bürger ihr ganzes Leben den Freuden, die das große Staatsge-

schäft ausmachten, sowie den Spielen, von denen man nur im Kriege ausruhte.⁷⁶

Meine zweite Bemerkung wird etwas kürzer ausfallen: sie betrifft, man kann es seit einiger Zeit ahnen, die *Aufhebung* [relève]*, und die Logik bzw. den Ursprung der Logik die hier operativ ist oder ins Werk gesetzt wird. Bald konnte ich sagen, daß das Fest die Tragödie aufhebt, bald befremdlicher, daß es sie reinigt. Als ob *Aufhebung* katharsis* übersetzen würde. In der Tat wollte ich genau das sagen, bis auf diese Einschränkung, die nicht nur aus Vorsicht zu machen ist: Rousseau hat nicht nur niemals in deutscher Sprache gedacht, und noch viel weniger mit der linguistisch-spekulativen Virtuosität Hegels,⁷⁷ nicht nur wäre notwendig gewesen, daß er hätte Kant lesen können bzw. bereits gelesen hätte, bevor er den »*Zehnten Spaziergang*« aufschob, wo er ein letztes Mal an die »von Liebe entbrannteste aller Frauen« an einem »blühenden Ostertag« erinnerte, sondern es wäre auch vonnöten gewesen, daß er gewußt hätte, daß *katharsis* natürlich nicht »Reinigung« *[purgation]* bedeuten konnte (kaum »Erleichterung« *[soulagement]* und gewiß nicht »Befriedung« *[apaisement]* ⁷⁸).

---

76. Rousseau, *Schriften*, I, S. 470.
77. Ich verweise natürlich auf Jean-Luc Nancy, *La Remarque spéculative*, Paris, 1973.
78. Das ist die »Übersetzung« von Jacques Lacan in *Le Séminaire – Livre VII, L'Éthique de la psychanalyse*, Paris, 1986, S. 287. Die Feindschaft Lacans gegenüber Hegel (Bataille, Kojève und anderen), die im übrigen keineswegs eine soundsovielte »Sakralisierung« der »Gestalt« von Antigone verbietet, d.h. eine soundsovielte Sinnwidrigkeit in bezug auf die Tragödie von Sophokles, ebenso wie die Feindschaft gegenüber Bernays (Nietzsche, Bataille *und anderen*) und der onto-physiologischen Theorie der »Entladung« *[décharge]* (die *katharsis* als *Entladung**), kurz der Wille zur »Überschreitung« *[dépassement]*, führen dazu, daß Lacan nicht wahrnimmt, daß »Befriedung« oder »Erleichterung« höchstens die *kouphisis meth' hèdonès* der *Politik* (VIII, 1342 a) übersetzt und nicht einmal die *kharan ablabè*, die »unschuldige Freude«, die die Musik verschafft – von der Rousseau dagegen auf sehr kundige und klare Art spricht. (Ich erlaube mir, auf den Text zu verweisen, der den Titel tragen sollte: »*De l'esthétique*« in: *Lacan avec les Philosophes*, Paris, 1991).

Gut, er wußte es nicht.

Das ändert nichts daran – und seine ersten großen Leser werden sogar das Wissen als solches oder die Wissenschaft darin sehen –, daß die Logik, die *alle* seine Texte, in denen die *Theatralität* im Spiel ist, unterläuft, und so also seine Aristoteleslektüre, eine eigentlich *dialektische* Logik ist, im nachkantischen Sinn des Ausdrucks. Nach ihr ist jedes »Negative« »*ramassé*«[79], wie man auf elsässisch das ganz nahe Schwäbische übersetzt, ist entwendet, weggenommen und hochgehoben, in Sicherheit gebracht, verwahrt, immer noch da, feststellbar und nachzuweisen, symptomatisch, unauslöschlich, um alles zu sagen, *bewahrt* (*bewahren**, *wahr**, *Wahrheit**, usw.: die *Wahrheit* selbst, der Blick und das Hinschauen), vorausgesetzt, daß man gerade die Theatralität nicht leugnet: die (Re)präsentation, die *mimesis*, den Schein und die Simulation. Rousseau konnte nicht anders, als das zu tun, das ist klar, wobei er sehr wohl wußte, daß er es tat – seine *fast* unvergleichliche Rhetorik zeigt es klar – aus *Pflicht* zweifellos, denn in Wirklichkeit zwang die Geschichte dazu, wie immer.

---

79. Z.B.: »ramasser les pommes qui sont tombées par terre«: die Äpfel aufheben, die herabgefallen sind; A.d.Ü.

3

Im berühmten *incipit* seines *Versuchs über das Tragische*[80] sagte Peter Szondi im wesentlichen das folgende: Seit Aristoteles gab es eine Poetik der Tragödie, seit Schelling gibt es eine Philosophie des Tragischen. Diese Aussage stimmt nur zur Hälfte. Es gibt zweifellos eine »Philosophie des Tragischen«, die ihre Illustration ebenso durch Schelling, Hegel und Hölderlin erfährt wie durch Kierkegaard und Nietzsche, Freud (und Lacan), Rosenzweig und Benjamin, Bataille, Heidegger – und einige andere. Aber diese Philosophie des Tragischen ist auch und immer eine Poetik der Tragödie. Das ließe sich ausnahmslos in *allen* Fällen nachweisen. Es gibt keine Philosophie des Tragischen, die nicht – ob eingestandenermaßen oder nicht – ein Kommentar zu Aristoteles wäre, d.h. keine, die nicht, explizit oder nicht, ihren Ausgang von der Frage – oder dem Rätsel – der *tragischen Wirkung* nähme.

Ich möchte, um abzuschließen, nur ein Beispiel dafür nehmen. – Das erste (mit ihm begann Szondi seinen Beweisgang), aber auch, weil es in der Tat das inaugurale und deshalb eines der meist kommentierten ist. Es ist das *Beispiel* schlechthin: man sieht da, wie von der *Figur* des Ödipus und vom »Libretto« *[livret]*, hätte Nietzsche gesagt, des *König Ödipus* von Sophokles aus die Onto-logik selbst des deutschen Idealismus, d.h. die *spekulative Dialektik* erarbeitet wird, und zwar im Zustand einer Matrix und in direkter Folge zu einer kantischen Lektüre Rousseaus (eine Art Palimpsest, wo man, zwischen den Zeilen der »Transzendentalen Dialektik« der ersten *Kritik* ganze Sätze des

---

80. Peter Szondi, *Versuch über das Tragische*, Frankfurt/Main, 1961. Der *Versuch über das Tragische* ist in: *Poésie et poétique de l'idéalisme allemand* (a.a.O.) nur teilweise übersetzt. Die einleitenden Seiten fehlen. (Vgl. ebenso im selben Band den Essai über Hölderlin, der den Titel trägt: »Poétique des genres et philosophie de l'histoire«, dessen Lektüre hier stets vorausgesetzt ist [dt.: Peter Szondi, *Gattungsgeschichte und Geschichtsphilosophie* (1966) in: Peter Szondi, *Hölderlin-Studien*, Frankfurt/Main, 1970; A.d.Ü.]).

Briefes an d'Alembert entziffern könnte). Diese Onto-logik setzt ebenso *de facto* wie *de jure* ein *Theater* voraus: die *mimesis* selbst und ihre *kathartische* Gewalt.

Dieses Beispiel, man hat es wohl erkannt, ist der zehnte und letzte der *Philosophischen Briefe über Dogmatismus und Kritizismus* von Schelling, die 1795 geschrieben wurden (Schelling war kaum 20 Jahre alt).[81] Hier bieten das Kunstwerk allgemein – und die Tragödie im Besonderen – insofern als sie par excellence (Re)präsentation, *mimesis* oder *Darstellung,* sind, die Möglichkeit für eine Lösung des fundamentalen Widerspruchs der Vernunft, im kantischen Sinn: Das ist im gegebenen Fall der unauflösbare Gegensatz zwischen der Erkenntnis der Notwendigkeit (das *amor fati* von Spinoza) und der Bejahung der unbedingten Freiheit (das »*Selbst*« Fichtes), zwischen dem Subjektiven und dem Objektiven, dem Nicht-ich und dem Ich, zwischen Natur und Geist. Am Ausgang einer gedrängten Diskussion mit Hegel fühlt sich Schelling, ebenso wie übrigens Hölderlin fast im gleichen Augenblick, plötzlich berechtigt, zu verkünden, daß die »einzige wahrhafte Kunst oder besser das *Göttliche* in der Kunst«, »was es an höchstem in der Kunst gibt«, in der Lage ist, *die intellektuelle Intuition zu objektivieren,* d.h. nach Kant das *Unmögliche* als solches, durchzuführen, die Intuition der Idee (oder des Absoluten), die maßlose oder »verrückte« Überschreitung der Endlichkeit. Der erste Brief ließ diese absolut widersprüchliche Möglichkeit ahnen. Der letzte Brief setzt sie fest in Begriffen, denen Schelling noch lange treu bleiben wird und in denen man unmittelbar eine Terminologie wiedererkennt, die direkt von Rousseau (Schelling stellt die *selbe* anfängliche Frage), und folglich von Aristoteles kommt:

---

81. Ich benutze hier die Übersetzung – und die Anmerkungen – von Jean-François Courtine in seiner Ausgabe der *Premiers écrits* (1794-1795), Paris, 1987, S. 208-210. Ich habe in »Ödipus als Gestalt« in *Nachahmung der Modernen,* a.a.O., selbst einen Kommentar zu diesen Seiten skizziert. [Die dt. Wiedergabe der aus Schelling zitierten Texte folgt hier dem Originaltext: *Schellings Werke,* hsg. v. M. Schröter, 1. Hauptband, München, 1927, S. 204ff.; A.d.Ü.]

Man hat oft gefragt, wie die griechische Vernunft die Widersprüche ihrer Tragödie ertragen [Hervorhebung von mir] *konnte. Ein Sterblicher – vom Verhängnis zum Verbrecher bestimmt, selbst gegen das Verhängnis kämpfend, und doch fürchterlich bestraft für das Verbrechen, das ein Werk des Schicksals war! Der* Grund *dieses Widerspruchs, das, was ihn* erträglich [Hervorhebung von mir] *machte, lag tiefer, als man ihn suchte, lag im Streit menschlicher Freiheit mit der Macht der objektiven Welt, in welchem der Sterbliche, wenn jene Macht eine Übermacht – (ein* Fatum*) – ist,* notwendig *unterliegen, und doch, weil er nicht* ohne Kampf *unterlag, für sein Unterliegen selbst* bestraft *werden mußte. Daß der Verbrecher, der nur der Übermacht des Schicksals unterlag, doch bestraft wurde, war Anerkennung menschlicher Freiheit,* Ehre, *die der Freiheit gebührte. Die griechische Tragödie ehrte menschliche Freiheit dadurch, daß sie ihren Helden gegen die Übermacht des Schicksals kämpfen ließ:* um nicht über die Schranken der Kunst zu springen [Hervorhebung von mir]*, mußte sie ihn unterliegen, aber, um auch diese,* durch die Kunst abgedrungene, Demütigung menschlicher Freiheit [Hervorhebung von mir] *wieder gut zu machen, mußte sie ihn – auch für das durchs* Schicksal *begangene Verbrechen –* büßen *lassen.*[82]

Ich unterbreche hier die Lektüre dieses Textes für einen Augenblick. Es ist klar, daß, wenn die Tragödie sich bemühte, Freiheit und *fatum* (oder *Übermacht* [surpuissance]*), »zusammenzureimen«, wie Schelling es gleich nennen wird, so, weil sie eine *Kunst*, eine (Re)präsentation war: die *Darstellung des Tragischen**, wie Hölderlin fast zehn Jahre später schreiben wird, d.h. die (Re)präsentation des Widerspruchs selbst. Und tatsächlich, auch wenn ich zitiere, »...Freiheit und *Untergang** [Hölderlin wird das gleiche Vokabular gebrauchen] konnte auch die griechi-

---

82. Schelling, *Werke*, I, S. 260.

sche Tragödie nicht *zusammenreimen**«, nichtsdestoweniger, »es war ein *großer* Gedanke, willig auch die Strafe für ein *unvermeidliches* Verbrechen zu tragen, um so durch den Verlust seiner Freiheit selbst eben diese Freiheit zu beweisen und noch mit einer Erklärung des freien Willens unterzugehen«. Schelling fügt im übrigen hinzu: »Wie überall, so ist auch hier die griechische Kunst *Regel*. Kein Volk ist dem Charakter der Menschheit auch hierin treuer geblieben, als die Griechen.«

Also keine Schwäche »rousseauscher Art«. Keine ein bißchen alberne und nicht nur »naive« Nörgelei gegenüber der Repräsentation, der Szene, dem Theater, dem Spektakel – und seinem ganzen Handel[83]... Im Gegenteil, eine Verteidigung der Kunst (der *technè*), und zwar die eindeutigste, die man sich denken kann, die im übrigen aus einer schrecklichen Warnung hervorgegangen ist.

Schelling erklärt, daß der Mensch, solange er sich das Objekt im cartesianischen Sinn *vorstellt [représente]*, »über sich selbst Herr« ist wie über das Universum (»über die Natur«): »Er hat nichts von ihm zu fürchten, denn er selbst hat ihm [dem Objekt] Schranken gesetzt«. »Aber [...] sowie er selbst über die Grenze der Vorstellung ausgeschweift ist, sieht er sich selbst verloren. Die Schrecken der objektiven Welt überfallen ihn. Er hat ihre Schranken aufgehoben, wie soll er sie überwältigen?«

Diese ängstliche Frage ist die nach dem *Horror* vor der Welt: *den Gräueln**, nach dem *Schrecken* allgemein, oder dem *Schrecklichen** (*to deinon*, wie Sophokles sagt, *das Ungeheure**, wie Hölderlin übersetzt – oder das *Unheimliche**, wie Heidegger wieder übersetzt). Oder wenn man lieber will, es handelt sich um *Gefahr**, die ebenfalls Hölderlin zur selben Zeit unaufhörlich stellt und die Heidegger wiederum als »eine Bedrohung des Seins

---

83. Das ist kein Einwand gegen Guy Debord, d.h. gegen seine kritische Strenge, sondern gegen seine »Leichtigkeit«, ja – und der geradezu lächerlichen Ausbeutung, der sie noch heute Raum gibt.

durch irgendein Seiendes« definieren wird.[84] Die Bedrohung par excellence, des Verschwindens und der Zerstörung, der Vernichtung, des Todes, der Bekundung des Nicht-bekundbaren selbst: der *Negativität*. Die Angst ist hier bereits die vor dem *Bösen*. Schelling stellt die Frage (diese Zeilen sind im selben Jahr geschrieben, in dem Schiller die Publikation von: *Über naive und sentimentalische Dichtung* in die Wege leitet):

> *Solange die griechische Kunst in den Schranken der Natur bleibt, welches Volk ist da natürlicher, aber auch, sobald sie jene Schranken verläßt, welches schrecklicher?*

(Hier schiebt sich eine Anmerkung dazwischen, die es aufgrund der Schärfe der Zurückweisung, die sie gegenüber jeglichem abmildernden religiösen oder metaphysischen »Versprechen« bekundet, verdient, gelesen zu werden. Eine Art *Paradoxie* gelangt hier auf ihren Gipfel, welche mit einem grellen Licht die Wahrheit der tragischen Dialektik erhellt und die unverzichtbar ist für das Verständnis von deren Finalität: »Die griechischen Götter standen noch innerhalb der Natur. Ihre Macht war nicht *unsichtbar*, nicht unerreichbar für menschliche Freiheit. Oft trug menschliche Klugheit über die physische Macht der Götter den Sieg davon. Selbst die Tapferkeit ihrer Helden jagte oft den Olympiern Schrecken ein. Aber das eigentlich *Übernatürliche* der Griechen beginnt mit dem *Fatum*, mit der unsichtbaren Macht, die keine Naturmacht mehr erreicht, und über die selbst die unsterblichen Götter nichts vermögen. – Je schrecklicher sie sind im Gebiete des Übernatürlichen, desto natürlicher sind sie selbst. Je süßer ein Volk von der übersinnlichen Welt träumt, desto verächtlicher, unnatürlicher ist es selbst.«)

---

84. Die Formulierung findet sich im Vortrag von 1936: »Hölderlin und das Wesen der Dichtung«, der seinerseits eine Verdichtung der Vorlesungen von 1934-1935 darstellt: *Die Hymnen Hölderlins*: »*Germanien*« und »*Der Rhein*«, a.a.O.

Dann nimmt Schelling den Faden wieder auf, er antwortet in zwei Anläufen auf die gestellte Frage. Einerseits erklärt er, »die unsichtbare Macht ist zu erhaben, als daß sie durch Schmeichelei bestochen, ihre Helden zu edel, als daß sie durch Feigheit gerettet werden könnten. Hier bleibt nichts übrig als – Kampf und Untergang.« Und diese Antwort gilt für das, wofür die Tragödie die *mimesis* ist: die *systasis tôn pragmatôn*, das Drama. Andererseits dagegen gilt die Antwort für die tragische Wirkung (die *katharsis* also) und die unheilvollen Folgen, die ihr Ausbleiben oder ihre Unterdrückung hervorrufen würden, d.h. das Ausbleiben oder die Unterdrückung jeglicher *Schranke* in der Darstellung des *factums* selbst der *mimesis*.

Aber ein solcher Kampf ist auch nur zum Behuf der tragischen Kunst denkbar: zum System des Handelns könnte er schon deswegen nicht werden, weil ein solches System ein Titanengeschlecht [Hervorhebung von mir] *voraussetzte, ohne diese Voraussetzung aber ohne Zweifel zum größten Verderben der Menschheit ausschlüge.*

Und damit diese Warnung, die sich 1795 natürlich nicht (bereits) an Deutschland richtete, sondern wahrscheinlicher an die französische Revolution, noch klarer würde (ich würde gerne sagen: damit man hinlänglich versteht, daß sich hinter einem »Volk von Göttern« à la Rousseau, in Wirklichkeit, wenn man das Theater ausschaltet, ein »Titanengeschlecht« verbirgt), insistiert Schelling:

Wenn einmal unser Geschlecht bestimmt wäre, durch die Schrecken einer unsichtbaren Welt gepeinigt zu werden, wär' es dann nicht leichter, feig gegen die Übermacht jener Welt, vor dem leisesten Gedanken an Freiheit zu zittern, als kämpfend unterzugehen? In der Tat aber würden uns dann die Gräuel der gegenwärtigen Welt [Hervorhebung von mir] *mehr als die Schrecknisse der künftigen quälen. Derselbe Mensch, der in der übersinnlichen Welt seine Existenz erbettelt hat, wird in dieser Welt zum* Plagegeist der Menschheit, der gegen sich selbst und andere wütet [Hervorhebung von mir]. *Für die Demütigungen jener Welt soll ihn die Herrschaft in dieser schadlos halten. Indem er aus den Seligkeiten jener Welt erwacht, kehrt er in diese zurück, um sie zur Hölle zu machen.*

Zweifellos denkt Schelling auch an die Folgen eines gewissen Christentums. Ein letzter Satz schließt diese Darlegung: »Glücklich genug, wenn er sich in den Armen jener Welt einwiegt, um in dieser zum moralischen *Kind* zu werden.« Und ein solcher Satz ist wahrscheinlich in nichts der Vorsicht verpflichtet.

Auf jeden Fall gilt – und das ist hier das Wesentliche –, daß die »Regel« oder selbst das Gesetz, das Schelling ansetzt, oder richtiger: in Erinnerung ruft (es kommt von Aristoteles und ist die spekulative Übersetzung von *Poetik*, 6) so deutlich und kraftvoll, wie möglich, anzeigt, daß *jede Verleugnung der (Re)präsentation den Schrecken erzeugt*, und daß die *katharsis* – mehr denn je unübersetzbar – eine *katharsis* des »Todestriebes« ist, des Triebes zur Zerstörung, zur Vernichtung, zum Totschlag usw., oder aber daß sie *katharsis* des Schmerzes ist, des »Leidens«, welche durch das Unglück und die Bösartigkeit, das Leid allgemein hervorgerufen werden. Und man versteht von da her, warum die Tragödie das erste Modell für die spekulative Dialektik darstellt: die *mimesis* hat nicht nur die reine transzendentale Gewalt »das Unmögliche möglich zu machen«, wie Schelling es vom Kunstwerk im Jahre 1800 am Ende seines *Systems des transzendentalen Idealismus* sagen wird, sondern die *katharsis* selbst ist – notwendigerweise – auf der Ebene der menschlichen *praxis* transzendental: sie macht den unerprobbaren Beweis möglich, die unmögliche Erfahrung der Ver-nichtung *[ané-antissement]* und des Nichts *[né-ant]*, des Todes *selbst* – »um diese Irrealität so zu benennen...«

Indes ein (aller)letztes Wort. Es steht gewiß Hegel zu, diese tragische Modellbildung des spekulativen Gedankens zu formalisieren, die im Grunde nur die gestrenge Aufhebung *[relève]* des instabilen und unwahrscheinlichen rousseauschen Festes ist, dem es eben gerade nicht gelang, die Szene, das Theater, kurz die unaufhebbare *mimesis* aufzuheben. 1801, Erinnerung an die Lektüre der *Eumeniden* und an ihren triumphalen Schluß, wie »die Athene Athens« Orest rettet, aber befiehlt, daß man den Erinnyen der Rache und des Totschlags am Fuße der Akropolis ihren Platz einräumt. Hegel spricht von »Versöhnung« und vom »Opfer«, das der »sittlichen Realität« selbst gebracht werden muß, der *Sittlichkeit**. Er paraphrasiert Aristoteles:

> ...*welche Versöhnung eben in der Erkenntnis der Notwendigkeit und in dem Rechte besteht, welches die Sittlichkeit ihrer unorganischen Natur und den unterirdischen Mächten gibt, indem sie ihnen einen Teil ihrer selbst überläßt und opfert; denn die Kraft des Opfers besteht in dem Anschauen und Objektivieren der Verwicklung mit dem Unorganischen, durch welche Anschauung diese Verwicklung gelöst, das Unorganische abgetrennt und, als solches erkannt, hiermit selbst in die Indifferenz* [die Identität] *aufgenommen ist* [das ist der *logos* selbst des Ontologischen], *das Lebendige aber, indem es das, was es als einen Teil seiner selbst weiß, in dasselbe legt und dem Tode opfert* [es handelt sich also um die *Thesis* des Negativen], *dessen Recht zugleich anerkannt und zugleich sich davon gereinigt hat.*
>
> *Es ist dies nichts anderes als die Aufführung* [Ausführung, Inszenierung] *der Tragödie im Sittlichen, welche das Absolute ewig mit sich selbst spielt, – daß es sich ewig in die Objektivität gebiert, in dieser seiner Gestalt hiermit sich dem Leiden und dem Tode übergibt und sich aus seiner Asche in die Herrlichkeit erhebt.* [85]

---

85. G. W. F. Hegel, *Über die wissenschaftlichen Behandlungsarten des Naturrechts, seine Stelle in der praktischen Philosophie und sein Verhältnis zu den positiven Rechtswissenschaften* in: *Werke*, 2, Frankfurt/Main, 1986, S. 494f. Der Titel ist, denkt man an die *Zweite Abhandlung* von Rousseau, keineswegs gleichgültig...

Kurze Zeit später, 1806, kommt derselbe »Triumphalismus« in der unzählige Male zitierten Passage der Vorrede zur *Phänomenologie des Geistes* erneut zum Ausdruck: mit derselben stilistischen Kraft – aber abzüglich der Erinnerung an die Bedingungen des Theaters oder der *mimesis*. Der Grund ist, daß nun schon (es ist immer sehr wenig Zeit nötig) im Kapitel »Die aufgehobene Religion« das christlich-lutherische Modell des »Gott selbst ist tot«, das im Artikel von 1801 kaum zu erkennen war, im Wettstreit mit dem Mythos des Phönix hervortritt und am Vorabend des »absoluten Wissens« das tragische Modell ersetzt hat. Die Fortsetzung ist bekannt... Ich erinnere dennoch an diesen Text:[86]

Der Tod, wenn wir jene Unwirklichkeit so nennen wollen, ist das Furchtbarste, und das Tote festzuhalten das, was die größte Kraft erfordert. Die kraftlose Schönheit haßt den Verstand, weil er ihr dies zumutet, was sie nicht vermag. Aber nicht das Leben, das sich vor dem Tode scheut und von der Verwüstung rein bewahrt, sondern das ihn erträgt und in ihm sich erhält, ist das Leben des Geistes. Er gewinnt seine Wahrheit nur, indem er in der absoluten Zerrissenheit sich selbst findet. Diese Macht ist er nicht als das Positive, welches von dem Negativen wegsieht, wie wenn wir von etwas sagen, dies ist nichts oder falsch, und nun, damit fertig, davon weg zu irgend etwas anderem übergehen; sondern er ist diese Macht nur, indem er dem Negativen ins Angesicht schaut, bei ihm verweilt. Verweilen ist die Zauberkraft, die es in das Sein umkehrt.[87]

*

---

86. Die französische Ausgabe stützt sich auf die von Bataille benutzte, von Kojève neu redigierte Übersetzung von Jean Hyppolite; A.d.Ü.
87. Hegel, *Werke*, 3, Frankfurt/Main, 1986, *Phänomenologie des Geistes*, S. 36. In der franz. Ausgabe zitiert nach Georges Bataille, *Hegel, la mort et le sacrifice*, *Deucalion 5*, Neuchâtel, 1955.

Bataille nun, der die Frage stellt, ob die »universelle Praxis des Opfers« im Grunde Hegel erklärt, oder ob umgekehrt Hegel das Opfer erklärt (das Opfer des dargestellten, »spektakularisierten« Todes, der, wie Rousseau sagt, die »Identifizierung« mit dem »leidenden« und zu Tode gebrachten Tier voraussetzt), schreit aus: »Aber das ist eine Komödie!« »Diese Art zu sehen, kann mit vollem Recht für komisch gehalten werden.« Oder auch: »Um die Situation, in die sich Hegel zweifellos unfreiwillig verbohrte, angemessen zum Ausdruck zu bringen, bedürfte es des Tons oder wenigstens in gezügelter Form des Schreckens der Tragödie. Aber die Dinge gewännen alsbald eine komisches Aussehen.« Oder auch noch, diesmal in bezug auf die Leidensgeschichte selbst in ihrer lutherischen Version: »Wie immer es sich damit verhält, dabei durch den Tod gehen, fehlt so sehr der göttlichen Gestalt, daß ein der Tradition verhafteter Mythos den Tod und die Todesangst mit dem ewigen und einzigen Gott der jüdisch-christlichen Sphäre zusammen brachte. Der Tod von Jesus ist in dem Maße Teil der Komödie, als man nicht ohne Willkür das Vergessen seiner ewigen Göttlichkeit – die zu ihm gehört – einführen kann, in das Bewußtsein von einem all-mächtigen und ewigen Gott.«

Die (Re)präsentation, das Theater leugnen ist eine »Komödie«.

Ich will hier nicht in einen Kommentar zu Bataille eintreten, dem letztlich getreuesten Aristoteliker unserer Zeit. Ich möchte lediglich, um (nicht) zu enden, nocheinmal etwas zum Wiederkäuen geben, was meine Ausführungen provisorisch abschließt. Bataille hat an das erinnert, was er »Ausflucht« *[subterfuge]* vor der Identifizierung beim Opfer nennt. Da schreit er in Wirklichkeit: »Aber das ist eine Komödie!« Und er fügt hinzu:

Eine Komödie wäre es jedenfalls, wenn es irgendeinen anderen Weg gäbe, dem Lebenden das Hereinbrechen des Todes zu offenbaren. [...] Diese Schwierigkeit verweist auf die Notwendigkeit des Schauspiels, oder allgemeiner der Repräsentation, ohne deren Wiederholung wir gegenüber dem Tod fremd, igno-

rant bleiben würden, wie es offenbar die Tiere sind. Nichts ist weniger tierisch als die mehr oder weniger realitätsferne Fiktion des Todes. Der Mensch lebt nicht allein von Brot, sondern von den Komödien, mit denen er sich willentlich täuscht. Was im Menschen ißt, das ist das Tier, das ist das natürliche Wesen. Aber der Mensch wohnt dem Kult und dem Schauspiel bei. Oder auch, er kann lesen: die Literatur also, sofern sie souverän und authentisch ist, weitet in ihm die besitzergreifende Magie der tragischen oder komischen Schauspiele.
Wenigstens in der Tragödie geht es darum, daß wir uns mit irgendeiner Person, die stirbt, identifizieren und zu sterben glauben, während wir doch leben. Im übrigen genügt die reine und einfache Vorstellungskraft, aber sie hat denselben Sinn wie die klassischen Ausflüchte, die Schauspiele oder die Bücher, zu denen die Menge Zuflucht nimmt.[88]

Das wäre es: Man könnte es nicht besser sagen.
Im übrigen hatte es Rousseau, der sich da auskannte, *beinahe* gesagt.

Montpellier, Juni 2001.

---

[88]. Georges Bataille, *La mort et le sacrifice*, in: *Œuvres complètes*, XI, Paris, 1995.

Hinweise zur Übersetzung

Die zahlreichen Zitate aus ursprünglich deutschsprachigen Texten werden in der deutschen Originalfassung wiedergegeben. Anmerkungen des Autors zur französischen Übersetzung werden sinngemäß verändert. Um eine zusätzliche Lektüre der aus den Werken französischer Autoren zitierten Passagen, namentlich Rousseaus, zu erleichtern, werden diese, soweit sie mit den Interpretationen des Autors vereinbar sind, aus bereits vorliegenden einschlägigen Übersetzungen zitiert. Die Zitatnachweise beschränken sich auf sie. Nur wo unmittelbar übersetzt wird, sind die französischen Quellenhinweise beibehalten. Um auch paraphrasierende Stellen aufzuschlüsseln und um allgemein einen möglichst engen Nachvollzug der Textbelegung zu ermöglichen, wurde der Anmerkungsapparat ergänzt. Wo es zur genauen Erfassung des Wortsinns erforderlich erscheint, wird das französische Wort in Klammern mitgegeben, während original deutsche Begriffe mit einem Asteriskus* gekennzeichnet sind.

Der Übersetzer

Bibliographische Hinweise

Aristoteles, *Poetik*, Übers. v. O. Gigon, Stuttgart, 1961.
– *Politik*, übers. v. E. Rolfes, Hamburg, 1958.
– *Werke*, Bd. 11, *Physikvorlesung*, übers. H. Wagner, Darmstadt, 1967.
– *Poétique*, hsg. u. franz. Übers. v. R. Dupont-Roc u. J. Lallot, Paris, 1980

Barash, J. A., *Heidegger et son siècle: temps de l'être, temps de l'histoire*, Paris, 1995.

Bataille, Georges, *Hegel, la mort et le sacrifice, Deucalion 5*, Neuchâtel, 1955.
– *Œuvres complètes*, XI, Paris, 1995.

Meier, Philipp, *Autonomie und Souveränität oder das Scheitern der Sprache*, Bern/Berlin, 1999.

Beaufret, Jean, »Hölderlin et Sophokles«, Einleitung zu Hölderlin, *Remarques sur Oedipe – Remarques sur Antigone*, franz. Übers. v. F. Fédier, Paris, 1965.

Cassirer, Ernst, *Das Problem Jean Jacques Rousseau*, Darmstadt, 1970.

Derrida, Jacques, *Grammatologie*, Frankfurt/Main, 1974 (Paris, 1967).

Diderot, Denis, *Paradoxe sur le comédien* in: *Œuvres*, Paris, 1962.

Diels, Hermann, *Fragmente der Vorsokratiker*, Berlin, 1954.

Freud, Sigmund, *Psychopathische Personen auf der Bühne* (1942), in: *Studienausgabe*, Bd. X., Frankfurt/Main, 1969.

Hegel, G. W. F., *Phänomenologie des Geistes, Werke*, 3, Frankfurt/Main, 1986.
– *Über die wissenschaftlichen Behandlungsarten des Naturrechts, seine Stelle in der praktischen Philosophie und sein Verhältnis zu den positiven Rechtswissenschaften* in: *Werke*, 2, Frankfurt/Main, 1986.

Heidegger, Martin, *Gesamtausgabe*, Frankfurt/Main, 1975ff.
– *Holzwege*, GA, 5, Frankfurt/Main, 1977.
– *Hölderlins Hymnen – »Germanien« und »Der Rhein«*, GA 39, Frankfurt/Main, 1980.
– *Nietzsche: Der Wille z. Macht als Kunst*, GA 43, Frankfurt/Main, 1985.
– *Parmenides*, GA 54, Frankfurt/Main, 1982.
– *Grundfragen der Philosophie*, GA 45, Frankfurt/Main, 1984.
– *Vom Wesen der Sprache*, GA 85, Frankfurt/Main, 1999.
– *Einführung in die Metaphysik*, GA 40, Frankfurt/Main, 1983.
– *Wegmarken*, GA 9, Frankfurt/Main, 1976.

– *Les Hymnes de Hölderlin:* »*La Germanie*« *et* »*Le Rhin*«, hsg. übers. v. Francois Fédier und Julien Hervier, Paris, 1988.
– *Nietzsche*, I, franz. v. P. Klossowski, Paris, 1971.
– *Questions* II (Wegmarken), franz. v. F. Fédier, Paris, 1986.
– *Chemins qui ne mènent nulle part* (Holzwege), franz. v. W. Brokmeier, Paris, 1962/1980.

Hölderlin, Friedrich, *Sämtliche Werke*, 3 Bde, München/Darmstadt, 1992/1998.
– *Grund zum Empedokles* (Die tragische Ode) in: *Sämtliche Werke*, I.
– *Anmerkungen zum Oedipus – Anmerkungen zu Antigonä – Pindar-Fragmente*, in: *Sämtliche Werke*, II.
– *Œuvres*, hsg. u. übers. v. G. Roud, Paris, 1967.

Kant, Immanuel, *Mutmaßlicher Anfang der Menschengeschichte* in: *Gesammelte Werke*, Berlin, 1912, Bd. VIII.

Kofman, Sarah, *Respect des femmes*, Paris, 1996.

Lacan, Jacques, *Le Séminaire – Livre VII, L'Éthique de la psychanalyse*, Paris, 1986.

Lacoue-Labarthe, Philippe, *Metaphrasis / Das Theater Hölderlins*, Freiburg, 2001.
– »*Le Courage de la poésie*« (Les Conférences du Perroquet, 39, Paris, 1993) und »*L'Esprit du national-socialisme et son destin*« (Freiburger Kulturgespräche im Marienbad, 1995). Les *Cahiers philosophiques de Strasbourg*, 1996).
– *Le Sujet de la philosophie*, Paris, 1979.
– *Die Nachahmung der Modernen*, Basel, 2003.
– *La vérité sublime*, in: J.-L. Nancy (Hsg.), *Du sublime*, Paris, 1987.
– *Agonie terminée, agonie interminable. Sur Maurice Blanchot* (im Erscheinen).

Lebrun, Gérard, *Œuvre de l'art et œuvre d'art*, *Philosophie*, 63, Paris, 1999.

Losurdo, Domenico, *Heidegger et l'idéologie de la guerre*, Paris, 1998.

Nancy, Jean-Luc, *La Remarque spéculative*, Paris, 1973.

Nietzsche, Friedrich, *Die Geburt der Tragödie*, KSA, Bd. 1, München, 1980.

Platon, *Sämtliche Dialoge* Bd. V, *Der Staat*, Hamburg, 1988.

Rousseau, Jean-Jacques, *Œuvres complètes*, 5 Bde, Paris, 1964.
– *Discours sur l'origine et les fondements de l'inégalité parmi les hommes* (1755) in: Rousseau, *Œuvres*, III.
– *Essai sur l'origine des langues*, in: *Œuvres*, III.
– *Lettre à d'Alembert sur les spectacles* in: *Œuvres*, V.
– *Émile (Profession de foi du Vicaire savoyard)* in *Œuvres*, IV.
– *La Nouvelle Héloïse*, in: *Œuvres*, II.
– *Julie oder Die neue Heloise*, übers. v. J. G. Gellius, München, 1978.
– *Abhandlung über den Ursprung und die Grundlagen der Ungleichheit unter den Menschen* (Zweite Abhandlung), in: *Schriften zur Kulturkritik* (zweispr.), hsg. u. übers. v. K. Weigand, Hamburg, 1971.
– *Versuch über den Ursprung der Sprachen* in *Sozialphilosophische und Politische Schriften*, hsg. v. D. Leube, München, 1981.
– *Brief an d'Alembert* in: *Schriften*, Bd. 1, hsg. v. H. Ritter, übers. v. D. Feldhausen, München, 1978.
– *De l'imitation théâtrale* in: *Œuvres*, V (éd. A. Wyss).
– *Emil*, dt. v. L. Schmidt, Paderborn, München/Wien/Zürich, 1993.
– *Die Bekenntnisse Die Träumereien des einsamen Spaziergängers*, München, 1978.

Schelling, F. W. J., *Philosophische Briefe über Dogmatismus und Kriticismus*, *Schellings Werke*, hsg. v. M. Schröter, 1. Hauptband, München, 1927.

Schiller, Friedrich, *Über die ästhetische Erziehung des Menschen in einer Reihe von Briefen*, in: *Sämtliche Werke*, V, München, 1967.
– *Über Naive und Sentimentalische Dichtung* in: *Sämtliche Werke*, V.
– *Über den Grund des Vergnügens an tragischen Gegenständen, Über die tragische Kunst, Über das Pathetische*, Vorwort zur *Braut von Messina* (*Über den Gebrauch des Chors in der Tragödie*), in: *Sämtliche Werke*, V.

Starobinski, Jean, *L'inclination de l'axe du globe*, in: Rousseau, *Essai sur l'origine des langues*, Paris (folio), 1990.
– *Rousseau: Eine Welt von Widerständen*, München, 1988.
– *Das Rettende in der Gefahr*, Frankfurt/Main, 1992.

Szondi, Peter, *Versuch über das Tragische*, Frankfurt/Main, 1961.
– *Gattungsgeschichte und Geschichtsphilosophie* (1966) in: *Hölderlin-Studien*, Frankfurt/Main, 1970.
– »*Das Naive ist das Sentimentalische*«, in: *Lektüren und Lektionen*, Frankfurt/Main, 1973.

Winckelmann, Johann Joachim, *Gedanken über die Nachahmung der griechischen Werke*, 1755.

Vernet, Jacob, *Instruction chrétienne*, Genf, 1741.

t r a n s
positionen

Stanley Cavell
Die andere Stimme
Philosophie und Autobiographie

Aus dem Amerikanischen von Antje Korsmeier
312 Seiten, Fadenheftung, Franz. Broschur
ISBN 3-935300-09-3
EURO 25,90; SFr. 45,30

In gleichermaßen vergnüglichen wie kenntnisreichen Auseinandersetzungen zwischen Emerson und Nietzsche, Austin und Derrida, Verdi und den Marx Brothers präsentiert sich Stanley Cavell als eine der bedeutendsten und originellsten Stimmen der amerikanischen Philosophie der Gegenwart.

»*Ich gedenke hier über Philosophie im Zusammenhang mit etwas zu sprechen, das ich die Stimme nenne, womit ich meine, daß ich sowohl über den Ton der Philosophie sprechen werde als auch über mein Recht, diesen Ton anzuschlagen...*«

»Einer der interessantesten Denker der Gegenwart« (Jörg Lau, DIE ZEIT); »*Stanley Cavell macht die Philosophie mit dem Alltag vertraut.*« (Uwe Justus Wenzel, NZZ); »*Sein bislang persönlichstes Werk*« (Martin Hartmann, Frankfurter Rundschau).

t r a n s
p o s i t i o n e n

Sarah Kofman
Die Verachtung der Juden
Nietzsche, die Juden, der Antisemitismus

Aus dem Französischen von Bernhard Nessler
104 Seiten, Fadenheftung, Franz. Broschur
ISBN 3-935300-11-5
EURO 13.90 / SFr. 23.40

In dieser leidenschaftlichen und zugleich äußerst präzisen Lektüre zeichnet Sarah Kofman ein differenziertes Bild von Nietzsches spannungsreicher Konstruktion einer Gestalt des Juden.

Fern jeder Simplifizierung und dicht an den Texten Nietzsches stellt dieses Buch eine der beunruhigendsten Fragen an ein bis heute wirkungsmächtiges Denken. Begriffe des »genealogischen Historikers« Nietzsche wie »Rasse«, »Übermensch« oder »Wille zur Macht« erscheinen so in einem neuen Licht

Darüber hinaus bietet diese späte Schrift einen Zugang zu wichtigen, bislang noch wenig beachteten Aspekten im Werk der französischen Philosophin.

trans
positionen

Giorgio Agamben
Mittel ohne Zweck
Noten zur Politik

Aus dem Italienischen von Sabine Schulz
152 Seiten, Fadenheftung, Franz. Broschur
ISBN 3-935300-10-7
EURO 14.80 / SFr. 26.90

Warum konstituiert der Ausnahmezustand die Grundstruktur einer jeden staatlichen Ordnung? Weshalb hat der Begriff ›Menschenrechte‹ ausgedient? Was wäre der Ort und was der Raum einer künftigen ›polis‹?

Die hier versammelten Texte formulieren eine radikale Kritik von Politik im Zeitalter entleerter Kategorien. Im Rückbezug auf Hannah Arendt, Carl Schmitt und Michel Foucault skizziert Giorgio Agamben neue Perspektiven des Politischen im Kontext der heutigen demokratisch-spektakulären Gesellschaften.

t r a n s
positionen

Alain Badiou
Über Metapolitik

Aus dem Französischen von Heinz Jatho
224 Seiten, Fadenheftung, Franz. Broschur
ISBN 3-935300-39-5
EURO 22,90; SFr. 38,90

»Unter ›Metapolitik‹ verstehe ich, was es für eine Philosophie – an sich und für sich – zu bedeuten hat, daß die wirklichen Politiken Gedanken sind. Die Metapolitik wendet sich gegen eine politische Philosophie, die vorgibt, es sei Sache des Philosophen, ›das‹ Politische zu denken, weil die Politiken keine Gedanken seien...

Es ist eine Grundnotwendigkeit des heutigen Denkens, die ›politische Philosophie‹ zu beenden. Deren zentrale Operation besteht darin, die Politik auf die ›freie Entscheidung‹ und die ›Diskussion‹ zurückzuführen – in einer Öffentlichkeit, in der letztlich nur Meinungen zählen.

Die Frage einer möglichen politischen Wahrheit ist also nicht allein vom Standpunkt der ›Diskussion‹ aus zu untersuchen, sondern innerhalb des ganzen komplexen Prozesses, der die Diskussion an die Entscheidung bindet.«

trans
positionen

Jean-Luc Nancy
Corpus

Aus dem Französischen von Nils Hodyas und Timo Obergöker
136 Seiten, Fadenheftung, Franz. Broschur
ISBN 3-935300-12-3
EURO 18,90; SFr. 32,50

Mit diesem bereits in zahlreiche Sprachen übersetzten Hauptwerk Nancys liegt einer der radikalsten philosophischen Texte der Gegenwart nunmehr auch auf Deutsch vor.

Nancys Denken löst den Begriff des Körpers aus den dualistischen Umklammerungen von Materie und Geist, Leib und Seele, Innen und Außen und überführt das unter dem Dikat der Bedeutung stehende Schreiben vom Körper in ein »Entschreiben« des Körpers. Die gewonnenen Perspektiven erlauben eine Dekonstruktion der religiösen und philosophischen, der naturwissenschaftlichen und literarischen Konzepte vom Körper.

Jenseits der »gewaltigen Körperpresse« des Kapitals, der Technik und des Krieges eröffnet Nancys Denken einen Ausblick auf neue Dimensionen des Einzelnen in der Gemeinschaft einer Welt der Körper.

t r a n s
p o s i t i o n e n

Roberto Esposito
Immunitas
Schutz und Negation des Lebens

Aus dem Italienischen von Sabine Schulz
272 Seiten, Franz. Broschur, Fadenheftung
ISBN 3-935300-28-x
Euro 25,90 / CHF 46,-

Was haben Warnungen vor Computerviren, die Ängste vor einem weltumspannenden Terrorismus oder Meldungen vor einer neuen hochansteckenden Krankheit miteinander gemeinsam?

Profund und konzis entwickelt der italienische Philosoph Roberto Esposito den Begriff ›Immunität‹ als ein Grundparadigma an den Schnittstellen von Medizin, Politik und Recht, das heute mehr denn je an Gültigkeit gewinnt. Denn: Je stärker das Gefühl des Ausgesetztseins gegenüber dem Risiko von Infiltration und Ansteckung durch von außen kommende Elemente wird, desto mehr zieht sich das Leben des Einzelnen wie der Gesellschaft in das Innere der eigenen, schützenden Grenzen zurück.

Die Option einer solchen Immunisierung hat freilich einen hohen Preis: ebenso wie der Körper des Einzelnen kennt auch der Kollektivkörper die »Impfung« durch das von außen kommende Übel selbst, was bedeutet, es in einer kontrollierten Präventivmaßnahme selbst eindringen zu lassen. Somit kann das Leben dem Zugriff des Todes nur entgehen, wenn es dessen eigenes Prinzip inkorporiert – und dadurch die »Form« des Lebendigen seinem reinen biologischen Überleben opfert.

trans
positionen

Roberto Esposito
Communitas
Ursprung und Wege der Gemeinschaft

Aus dem Italienischen von Sabine Schulz und Francesca Raimondi
240 Seiten, Franz. Broschur, Fadenheftung
ISBN 3-935300-29-8
Euro 24,90 / CHF 43,-

Vom amerikanischen Kommunitarismus bis zur Philosophie und Ethik der Kommunikation basiert das Denken der Gemeinschaft auf der unreflektierten Annahme, daß die Gemeinschaft eine »Eigenschaft« bzw. »Eigentum« der Subjekte sei, die sie vereint – Gemeinschaft wird begriffen als ein Ganzes, als Gesamtheit des sozialen Körpers, und das Gemeinsame bzw. Gemeinschaftliche als ein Wert, eine Essenz, eine Errungenschaft, derer man sich rühmt, oder als ein Verlorengegangenes, das beklagt wird.

Esposito distanziert sich von diesen Mustern des modernen politischen Denkens, um zum Ursprung der Sache selbst zurückzugehen – zur etymologischen Herkunft des Wortes »communitas/communis« als »cum munus«. Aus »munus« – im Sinne von Bürde, Verpflichtung, Gabe, Amt – geht die Gemeinschaft hervor: an ihrem Grund erweist sich, daß sie durchaus kein Besitz, kein Territorium ist, das es zu verteidigen gilt. Ihr dunkler Kern ist vielmehr ein Mangel: etwas Auszufüllendes, eine geteilte Verpflichtung, ein von allen zu Erbringendes – etwas, das stets noch aussteht.

trans
positionen

Jean-Luc Nancy
singulär plural sein

Aus dem Französischen von Ulrich Müller-Schöll
176 Seiten, Franz. Broschur, Fadenheftung
ISBN 3-935300-22-0
Euro 22,90 / CHF 40,00

Ko-Existenz und Mit-Sein sind die fundamentalen Kategorien eines Denkens, das sich – angesichts der schrecklichen Realität der Kriege und Bürgerkriege – der dringlichen Notwendigkeit eines Mit-ein-ander-seins zu stellen vermag.

»Meiner Ansicht nach ist das erste Erfordernis, das überkommene Verständnis des ›Gemeinsamen‹ und der ›Gemeinschaft‹ unter Vorbehalt zu stellen. Auf dieser Grundlage können wir beginnen zu verstehen, daß das ›Mit-ein-ander-sein‹ kein gemeinsames Sein ist und daß es anders zu analysieren ist, zum Beispiel als ›Zusammen-Sein‹ oder ›Mit-Sein‹. Die Hauptfrage ist, wie die Politik als eine Nicht-Totalität zu denken ist, und das heißt anders denn als Unterordnung der gesamten Existenz. Zwischen der Ontologie des Mit-Seins und der Politik darf es keinen begründenden Zusammenhang geben und auch keinen solchen des Ausdrucks. Die Politik darf also nicht die Totalität des Mit-Seins zum Ausdruck bringen. Wenn im Gegensatz dazu das Sein des Mit-Seins wesentlich ein plurales ist (singuläre Existenzen und singuläre Ordnungen, Künste, Körper, Gedanken...), dann muß die Politik das sein, was die Gerechtigkeit in der Vielheit und Vielfältigkeit garantiert, aber sie darf keine Aufhebung des Mit-Seins sein.«

t r a n s
p o s i t i o n e n

Jean-Luc Nancy
Die Erschaffung der Welt *oder* Die Globalisierung

Aus dem Französischen von Anette Hoffmann
160 Seiten, Fadenheftung, Franz. Broschur
ISBN 3-935300-21-2
EURO 19.90 / SFr. 33.90

Was läßt sich aus der Konfrontation einer Theologie und Philosophie der Schöpfung mit den ökonomisch-technologischen Realitäten gewinnen? Was kann dabei eine neuerliche Lektüre von Marx leisten, eine Begegnung mit Augustinus?

Jean-Luc Nancy unternimmt in diesem Buch eine Neubestimmung zentraler philosophischer Begriffe wie *Welt, Schöpfung, Wert* und unterzieht Schlagworte wie *Biopolitik, Souveränität* und *Gerechtigkeit* einer grundlegenden Revision. Aus der Perspektive des heutigen globalen Kapitalismus baut Nancy sein Projekt eines *political turn* der Dekonstruktion weiter aus und liefert dem Verständnis einer zukünftigen Gesellschaft und Poltik entscheidende Anstöße.

trans
positionen

Philippe Lacoue-Labarthe
Metaphrasis
Das Theater Hölderlins

Aus dem Französischen von Bernhard Nessler
96 Seiten, Fadenheftung, Franz. Broschur
ISBN 3-935300-05-0
EURO 14,90 / SFr. 27,10

»Die beiden hier versammelten Texte haben demzufolge nur den einen Ehrgeiz: auf der Basis einer im Gang befindlichen Arbeit und von einem praktischen Anliegen her eine Neubewertung jenes Theaters anzubieten.
Viel ist da zu tun. Aber ein Schritt vorwärts ist vielleicht gemacht, wenn man anfängt, die Differenz zu ermessen – keiner anderen vergleichlich, scheint mir – die Hölderlin sozusagen anachronistisch zu setzen vermochte, in Bezug auf die spekulative Bemächtigung der griechischen Tragödie, das heißt faktisch des Ursprungs unseres Theaters.
Wenn man weiß, welche etwa ästhetischen, politischen, philosophischen Auswirkungen die von mir als spekulativ bezeichnete Interpretation der Tragödie produzieren konnte, wie sie von Hegel und Schelling bis zu Heidegger und über Nietzsche und Wagner hinweg sich durchsetzte, so nimmt man den Einsatz wahr, stelle ich mir vor und hoffe es, um den es geht: eine Modernität, die noch und immer neu zu erbringen ist.«